有效的公共政策和活跃的公民权

——巴西建立粮食及营养安全公共体系的经验

A construção social de um sistema público de
segurança alimentar e nutricional:
A experiência brasileira

玛丽利亚·门东萨·莱昂　　雷纳托·S.玛鲁夫　著
〔Marília Mendonça Leão〕　　〔Renato S. Maluf〕

周志伟　译

社会科学文献出版社
SOCIAL SCIENCES ACADEMIC PRESS (CHINA)

1. 巴西在消除饥饿与贫困方面取得了可喜成果。本报告介绍巴西构建一种新的治理框架的实践路径，这种治理框架中的公共政策能推动建立逐步消除饥饿和贫困的良性循环机制。但是，有必要强调的是，该国仍存在产生不平等和危及社会与环境公平的显著因素。

2. 本报告旨在阐释为何巴西找到了具有独创性的消除饥饿与贫困的办法，那就是国家有义务保障基本人权：获得最低收入、食物、卫生、教育和工作的权利。本报告献给那些感兴趣的个人和组织，帮助他们学习巴西所采取的保障粮食及营养安全以及获得足够食物权利的战略。

3. 始于20世纪80年代中期的巴西民主进程有助于构建当前国家与公民社会之间的关系。"1998年宪法"保障社会、公民及政治权利，这使巴西政府认识到需重新组织其结构和治理模式，以履行新的义务。此外，"1998年宪法"还确立了通过委员会机制和社会控制政策参与公共政策的新模式，从而使公共部门和非营利的私人部门之间的伙伴关系成为可能。因此，社会对话的新平台得以建立起来。

4. 很明显，对公共体制必要的改变超越了行政和金融改革的界限，这就需要一个更广泛的重构，扩大各个政府部门的概念及其相应的政府行为。在这种公共体制重构和扩大的过程中，公民社会一直存在，并且发挥着主导作用，以确保所取得的新权利。

5. 系统方法是各部门的选择，可能是因为它便于协调联邦内部（联邦、州和市）的规范以及各部门间的管理。通过这种方式，各主体的角色及责任均能清楚界定，而各个联邦实体的自主权也能得到保留。在公共政策中采用

"国家体系"的做法也是与该国社会各界相互依存和不可分割的趋势相一致的。对巴西人而言，粮食及营养安全的概念，从广义来说，是指在食品被生产和销售的过程中实现获得食物的权利（定期并永久获得足够的食物），它并不对诸如住房、医疗、教育、收入、环境、劳动、交通、就业、休闲、自由、土地占有及使用等权利构成损害。

6. "零饥饿战略"最初是2001年由致力于规划"国家粮食及营养安全"政策的非营利性民间组织提出的概念，当时这种政策在巴西仍较欠缺。卢拉政府在2003年实施了该战略，明确了反饥饿和贫困将作为一项政治优先目标，并为相关法律铺平了道路，从而确保这些针对穷人的政策和计划能够得到延续。2006年，《粮食及营养安全法》（Lei Orgânica de Segurança Alimentar, LOSAN）确立了"国家粮食及营养安全体系"（Sistema Nacional de Segurançe Alimentar e Nutricional, SISAN），旨在保障获取充足食物的人权。值得注意的是，《粮食及营养安全法》有着很强的人权内涵，它将人的尊严和权利置于公共政策讨论的核心，并强调加强政府与公民社会的关系。该法也为食物权利的宪法化奠定了基础。2010年，获得食物的权力被视为一种社会权利，并被纳入巴西宪法。

7. 国家粮食及营养安全体系的宗旨是组织和强化巴西的国家机制，为社会参与创建正规的渠道，通过"全国粮食及营养安全委员会"（Conselhos de Seguranur Alimentar e Nutricional, CONSEA）对粮食及营养安全与权利领域的公共政策进行设计、影响和监管。该报告介绍了巴西的相关做法以及管理体制与公众参与之间的关系。此外，还介绍了巴西的相关法律，它们是保障获得足够食物的人权的依据。

8. 从这一历史进程中得到的重要启示包括：（1）与概念和原则相关的参与性协定的重要性；（2）系统化和跨部门模式是确保获得足够食物的权利和促进粮食及营养安全的恰当选择；（3）通过社会对话的正规渠道——粮食及营养安全委员会能保障公民社会的相应角色；（4）国家将人权保护置于市

场利益之上的重要性；（5）在涉及粮食及营养安全的公共政策制定和管理中部门间协调的必要性；（6）妇女在保证食物权利以及在自然资源保护和可持续管理方面的战略作用；（7）在针对土著人、黑人、传统人群和社区的公共政策的制定和实施过程中，尊重并保障民族发展的原则。

9. 巴西在发展领域的进步毋庸置疑，但仍然存在诸多挑战。现存的社会不公现象与当前该国的经济发展水平不相匹配，社会弱势群体的数量依然很高，他们并没有全面享受到针对他们的公共项目。此外，还存在一股来自保守部门的阻力，旨在削弱和妖魔化那些为争取社会和环境正义的社会运动和组织，这将可能削弱巴西的民主。

10. 本报告总结巴西在反饥饿和贫困领域取得的进步，这些进步是政府和公民社会通过集体、参与和民主建设的过程实现利益结合的产物。这些主要社会政策的延续促成了这些进步，而面对那些阻碍消除各种形式的社会不公及违反人权的挑战，政治和社会力量的融合是克服这些挑战所不可或缺的条件。

目 录

在一个富裕与穷困、奢华与贫穷、浪费与饥饿分化的世界，

将永远不可能实现和平。我们必须结束这种社会不平等。

——约书亚·德·卡斯特罗（Josué de Castro）

巴西在反饥饿与赤贫方面取得的成果非常显著，吸引了全世界的关注，"零饥饿"因此成为一个广为人知的标签。在国际上，有着复制这种公共政策的广泛兴趣，但对于巴西国家粮食及营养安全体系（SISAN）的构建过程了解甚少，而该体系恰恰是巴西消除饥饿和贫困理念的体现。

思考巴西的经验其实正是思考在一个多元社会中，如何从相互冲突的发展模式和政治利益之中找出创造性的解决路径。在巴西，我们知道很有必要发展跨部门的工作能力、社会主体间的对话机能以及政府与公共组织之间的跨界行动。我们也清楚这种构建是基于社会参与和控制的进程，而该进程是在斗争与胜利的背景下（即社会技术）被设计出来的。很多有志于解决与巴西相似问题的国家，即使与巴西有着截然不同的环境和社会背景，仍很有兴趣了解这种经验。

---

* 本文是乐施会（Oxfam）与巴西营养与人权行动组织（ABRANDH）的合作成果。巴西营养与人权行动组织是一个非营利性的非政府组织，倡导民主和人权，尤其是获取足够食物的人权。本文由巴西营养与人权行动组织主席、巴西全国粮食及营养安全委员会（CONSEA）民间组织顾问玛丽利亚·莱昂（Marília Leão），里约热内卢联邦农业大学（UFRRJ）教授、巴西全国粮食及营养安全委员会前主席（2007~2011年）及该委员会民间组织顾问雷纳托·S.玛鲁夫（Renato S. Maluf）共同执笔。文章最终版本采纳了乐施会团队成员西蒙·提赛福斯特（Simon Ticehurst）、穆里埃尔·萨拉格斯（Muriel Saragoussi）、茹安娜·卢西尼（Juana Lucini）和卡洛斯·阿吉拉尔（Carlos Aguilar）的建议。

根据"零饥饿战略",巴西正在强化获取足够食物的人权,致力于在遵照国际协定的人民主权、中立性和团结等原则的基础上,为联合国(尤其是联合国粮农组织和世界粮食计划署)的相关体系有所贡献。巴西的经验影响了联合国粮农组织粮食安全委员会(CFS)的改革,使得该委员会致力于成为多边领域开展粮食及营养安全相关的讨论与规划的主要平台。巴西国际合作以及全国粮食及营养安全委员会(CONSEA)经常成为其他国家咨询巴西经验所涉及的重点。

通过介绍巴西经验,乐施会和巴西营养与人权行动组织希望传播巴西如何通过积极的公民身份与有效的公共政策相结合的民主方式,实现不同社会领域功能的整合,从而在反饥饿与贫困的斗争中取得具体且持续的成果。

现在,让我们开始享受一段阅读的旅程吧!

本报告旨在介绍巴西致力于尊重、保护、促进和提供获得足够食物的权利的公共体系的形成过程。本报告意在促进公民组织、社会运动、公共机构和私有部门了解巴西针对消除饥饿和贫困、促进粮食及营养安全与权利的相关规划。为有效地扩大食物的社会获取面，实现收入的再分配，以及为社会弱势家庭及群体提供机会，巴西在制定公共政策时努力"做得与众不同"。

巴西社会是极不平等的，这源于该国自身的历史传统，尤其以土地所有权的高度集中为例证，这种土地制度始于殖民地早期，且一直延续至今。另外，歧视黑人和土著人的奴隶制度的残留也非常明显。生活在极为危险的环境下的大批穷人足以证明该国的不平等，直到最近，巴西一直苦于无法给予所有人具有尊严的生活条件。

本报告所做的简要历史回顾显示了该国粮食及营养安全相关的政治、社会组织的现状源于巴西社会想要改变社会不平等的意愿。文章介绍了巴西在该领域所取得的进步，尤其体现了公民组织决定性地推动和促进了该领域现已形成的参与式治理模式的建构。文章还介绍了国家粮食及营养安全体系发展至今的形成过程，它产生于20世纪80年代巴西社会民主化进程所引发的反饥饿、保护人权的政治、社会和思想领袖们的斗争与努力中。

国家粮食及营养安全体系的职责是构建巴西政府机构，并通过名为"粮食及营养安全委员会"的公共政策委员会创建社会参与的正规渠道，而委员会反过来应针对公共政策的制定、监管和评估提交相关建议。需要重点强调的是，所有这一切都伴随着人权的途径，它与巴西政府的渗透性一道使得社会行为体和社会运动能积极参与到公共政策的管理中。通过将人类的尊严及权利置于公共政策讨论的核心位置，以及政府与公民社会的关系之中，人权的做法实现了与民主方式的结合。这种结合使得个体与集体均拥有捍卫其个人权利和集体权利的工具，进而确保其行使各自的公民权。

　　本报告还探讨了当前一些构成国家粮食及营养安全体系的政府机构的特征，如国家粮食及营养安全会议，联邦、州和市三级政府下属的粮食及营养安全委员会组成的网络，粮食及营养安全跨部联席会（CAISAN）。文章还将述及这些机构如何应对挑战以及那些威胁或侵犯人类获得足够食物的权利的市场霸权行业。此外，本报告也将介绍构成巴西管理获得足够食物的人权的法律框架的相关规定。

1

巴西的粮食及营养安全与获取足够食物的人权：实施中的路径

国家粮食及营养安全体系的构建并非一届政府的一项政治决定，而是源自20年来社会动员与斗争的公民社会共享过程，它也是体制参与和社会组织与网络自主动员相结合的产物。

公民社会长期倡导的概念与主张逐步形成了国家粮食及营养安全体系当前的样式。在巴西，曾发生了围绕饥饿问题、对现存的农业生产模式的反思与批判、食物供应和粮食及营养公共规划的草根运动。与此同时，也有过很多制定公共政策与规划的尝试，即便是在该国经济和政治环境不佳的时期（PELIANO, 2010）。但是，毫无疑问，最具开创性的工作是约书亚·德·卡斯特罗开启的针对巴西饥饿与贫困问题的讨论，在20世纪40年代，这一问题便已是一个社会与政治问题。

自那时以来，粮食问题被理解为一个同时具有生态、经济和社会表象的复杂整体，而消除饥饿尤其取决于解决该问题的政治决心。约书亚·德·卡斯特罗指出，饥饿并非仅仅是一个公共卫生问题（营养缺乏）或局限于社会领域的问题（福利政策）。他最先提出饥饿是欠发达和经济模式的产物，这种经济模式以一种反常的方式延续着恶劣的生活环境，因贫穷所致的儿童和成人的高营养不良率，以及随之产生的饮用水和足够食物的短缺，影响着大多数的巴西人（CASTRO, 2005）。卡斯特罗具有相当的勇气着手解决饥饿问题，因为当时在巴西和世界很多国家这还是一个忌讳的话题。

根据卡斯特罗在20世纪40~50年代开出的"药方"，一些早期的集体性质的粮食服务项目形成，最低工资制度在巴西建立起来，并成立了"学校食物运动"，该计划演变成当前的全国校餐计划（PNAE）。这些是卡斯特罗的政治贡献的例证。

1964年，巴西发生了国家政变，建立了长达20年（1964～1984年）的军事独裁统治。在这个阶段，经历了多位军人总统，实施着独裁、反民主的体制，对个人和集体的自由采取严厉的镇压，当时对诸如投票权、言论自由、新闻自由、政治组织等公民和政治基本权利存在着大规模的压制。在被称为"巴西奇迹"的20世纪70年代，虽然经济实现了大幅度的增长，但从社会角度来看，并未有显著的变化，因为生产的财富没有惠及穷人阶层。当时政府的经济理念是必须先做大"蛋糕"，然后才能切分"蛋糕"。这种理念产生的后果是社会不平等的加剧以及以救助和补偿为特征的公共政策的扩大。巴西因此成为世界上最不公平的国家之一。

当时，大多数巴西人身处侵犯人权、政府强力压制以及贫困的境地，于是在民间社会团体中引发了试图改变现实的强烈意愿。尽管社会需求和参与渠道面临诸多限制，但由工会、职业联合会、与左翼和大学联系紧密的社会活动家和政治家在大城市边缘地带组织起来的社会运动的反抗也日益加剧。正因为如此，政治和社会压制最严厉的阶段也正是巴西公民社会争取结束独裁制、实现直接选举、重返民主的动员活跃期。

从1985年开始，20世纪80年代初不断深化的争取民主和人权的政治斗争与从军事独裁向文人统治的政治转型相融合，在这个阶段，公民组织积极争取恢复法治。毫无疑问，民众动员和来自公民社会不同行业的压力是再民主化进程获得成功的根本所在。而从公民权角度出发的反饥饿、争取粮食及营养安全的广泛社会运动的出现便是这一进程的组成部分。

"1988年宪法"的起草工作是巴西国会所经历的强度最大、最复杂的辩论之一，约有上百个利益集团、城市与农村组织、社会领袖与社会运动、工会、职业联合会、公共和私有部门、教会、传统群体及其社团参与其中。此外，曾经完全被社会边缘化的少数群体，如土著人、传统社群、麻风病和肺结核病患、残疾人、性工作者以及巴西社会有关行业均有代表参加了这场讨论。这些集团的领袖深刻地影响了1988年通过的联邦宪法的内容，该宪法沿用至今。

1988年联邦宪法是这种斗争最重要的成果之一，其体现了在当时的政治形势下民主和社会参与的重要性。宪法规定了社会参与的制度化渠道，比如，提出了实行公民投票、公投、基层的法律提议、公众听证等。而后来建立的参与式预算、政府不同领域的公共政策委员会也都反映了宪法提倡的社会参与的制度化。

上述有关巴西争取民主（当前仍处于建设过程中）的社会斗争的历史回顾提醒我们，如果我们今天生活在一个更加民主的社会，拥有投票、言论、组织和公共参与的自由，那是归功于许多人的政治斗争和社会参与，他们甚至为之付出了生命。这也让我们认识到，一个动员的、政治的、拥有权利的和有组织的社会有能力改变它的现状。

自再民主化以来，巴西在粮食及营养安全领域以一种独特的方式实现了创新，表明了激烈的社会动态模式曾是（并且仍然是）该体系建立的背景。当前，巴西采取的公共政策着眼于保障获得足够食物的人权。这种处于公共体系内的政策涵盖了政府和非政府行为者。尽管挑战依然严峻，我们远未解决我们自身的问题，但我们所取得的重大进步以及这些经验需要与其他国家分享。

——娜塔莉·贝京（Nathalie Beghin），经济学家，社会经济研究所（INESC）政策协调员和全国粮食及营养安全委员会公民社会顾问。

医疗领域和其他社会领域的贡献

由旨在建立"统一医疗系统"（Sistema Único de Saúde, SUS）的"医疗改革"①运动组织起来的公共医疗领域的民众动员，对于今天我们的粮食及营养安全体系的建立起到了决定性作用，尽管这两种体系有着非常不同的政治和社会轨迹。1986年举行的第八届全国医疗会议，除提出了理论框架和实践建议外，还推动了即将建立的新医疗体系的核心内容的确定（BRASIL, 2006）。本次会议的最终报告强调了"公共医疗改革"方案提出的几个主要构成要素：（1）医疗概念的扩大；（2）明确医疗是人的权利，也是国家的

---

① "巴西医疗改革诞生于反独裁斗争中，其议题是'医疗与民主'，该改革由大学、工会运动以及服务团体的地区性运动组成。在1986年的第八届全国医疗会议上，社会运动得到了强化，这也是巴西首次讨论新医疗模式。来自公民社会各个部门超过5000名代表参加了本次会议。会议成果是通过人民修正案保证了宪法中关于'医疗是公民的权利以及国家的义务'的规定。"（Sérgio Arouca, 1998, http://bvsarouca.icict.fiocruz.br/sanitarista05.html）。

义务；（3）建立"统一医疗系统"；（4）确保在该系统管理中的社会参与和监督；（5）建立并扩大社会政策预算，并将医疗政策纳入其中（PAIM，2008）。20年以后粮食及营养安全领域的规范方式与之非常相似（2006年，《粮食及营养安全法》获得通过）。

在1986年举行第八届全国医疗会议的同时，召开了第一届全国粮食及营养会议，这次会议的最终报告提出了制定国家粮食及营养安全政策（PNAN），建立国家粮食及营养安全体系以及全国粮食及营养安全委员会。在当时那个阶段，医疗行业引领了反饥饿公共政策的讨论和协商，主要视角是从粮食及营养对公共卫生的副作用（营养不良）着手的（LEÃO；CASTRO，2007）。另外，在本次粮食及营养会议的报告中，"食物权利"已经成为参与式讨论的议题，也论及了"粮食及营养安全"的概念，并提议建立国家粮食及营养安全体系。

自20世纪80年代以来的其他一些报告也推动了上述提议在2004年召开的第二届全国粮食及营养安全会议获得通过。值得特别关注的是，由农业部在1985年提出的国家粮食安全政策，该政策在"平行政府"（1991年）（以下将介绍该政府）公布的政策文件及由巴西政府起草且有公民社会参与的《世界粮食峰会——巴西国家报告》里均得到了体现（1996年）。围绕1996年"世界粮食峰会"的社会动员直接推动了1998年"巴西粮食及营养主权与安全论坛"（FBSSAN）的召开。该论坛融入了那些在粮食及营养主权与安全领域积极参与的组织、社会运动、个人与机构。这一议题被融入被称为"对抗饥饿保障生命公民运动"的全国性广泛动员的"政治伦理运动"之中，很快便收到了实效（MENEZES，2010）。

总之，医疗和其他社会领域所作出的贡献引领了"国家粮食及营养安全体系"遵循以下方针而建立：（1）针对巴西国情，确立了"粮食及营养安全"的广义概念；（2）对"食物是一种人权，同时也是国家义务"的认识；（3）建立了粮食及营养安全体系；（4）建立了该体系内部及管理中的社会参与及监督；（5）扩大粮食及营养安全公共政策的基金，制订了管理该体系的专门预算。

公民社会的贡献及"零饥饿战略"的起源

20世纪90年代初，左派政党在1989年的选举中败北后，一个由社会活动家组成的团体组织了"平行政府"。它由后来成为巴西总统的卢拉协调，其目标在于监督当时的民选政府，并针对巴西的国家重建规划提出更公平的替代方案。在这些方案中，关于国家粮食安全政策的提议尤为重要，该提议于1991年向社会公布，其目标是"保障粮食安全，确保所有的巴西人，在任何时候，都能获得基本的食物"。该报告提到了建立"全国粮食及营养安全委员会"，并为1993～1994年间运行的全国粮食及营养安全委员会的初步实践提供了依据，当时该委员会由巴西总统根据"政治伦理运动"提名任命的10位部长和21位公民社会代表组成，委员会的理事会由公民社会主持，而执行秘书处则设在应用经济研究所（Instituto de Pesquisas Econuisasi Aplicadas, IPEA）（SILVA, 1991）。

随后，非政府组织"公民权研究所"提出了相似的倡议。为应对20世纪90年代末因经济危机和失业率上升而导致的日益严峻的贫困形势和不断加剧的社会脆弱性，"公民权研究所"根据数百位专家和民间社会活动家的研究及建议为国家粮食安全政策提出了新设想。该研究所起草的名为"零饥饿战略"的计划，后来成为卢拉政府初期于2003年开始实施的政府项目，并且还保持了计划的原名称（TAKAGI, 2010）。

"零饥饿战略"的问世源于当时巴西的贫困状况，当时约有4400万人（占总人口的28%）食不果腹，并且国家尚未有一项关于粮食及营养安全的公共政策（TAKAGI, 2010）。同时，政府也认识到，相较于食物供应的短缺，困扰这部分巴西民众的饥饿问题与缺乏足够收入以获取食物存在着更直接的关系，因为当时巴西的食物产量已远远高出人均所需的食物消费量。

在整个20世纪90年代以及21世纪初期的几年中，所有提议均经过了广泛的辩论，并最终成型为2003年卢拉政府为反饥饿而推行的"零饥饿战略"。与此同时，全国粮食及营养安全委员会也得以重建。2004年在奥林达（Olinda）召开的第二届全国粮食及营养安全会议的口号便是——"建立一个国家粮食及营养安全政策"（MALUF, 2010）。

　　我们对这一历史进程并未有任何夸张之意。图1和图2展示了至今已召开的四届"全国粮食及营养安全会议"关于饥饿与其他议题的主要理解，它能基本反映公民社会的需求，并能呈现出关于巴西这一社会历史现象的认识变迁。随着《粮食及营养安全法》在2006年的表决通过，[①]国家粮食及营养安全体系（SISAN）正式成立。

图1　巴西反饥饿模式的进展

图2　全国粮食及营养安全会议（1986～2011年）：巴西
国家粮食及营养安全体系的社会构建

① 2006年9月15日，通过了第11346号法令，也被称为《粮食及营养安全组织法》（LOSAN）。确定为保障公民获得足够食物的权利以及其他权利，建立国家粮食及营养安全体系（SISAN）的政策。http://www4.planalto.gov.br/consea/legislacao/lei-no-11-346-de-15-de-setembro-de-2006/view，2012年6月13日。

巴西的巨大挑战：消除饥饿与社会不公

如前文所述，巴西社会是以高度的社会不平等以及数量惊人的生活在恶劣环境下的穷困人口为特征的，而其中数以百万计的人生活在赤贫线以下，没有足够的能力购买食物。巴西一直是一个矛盾的例子，一方面存在规模巨大的穷人群体，面临饥饿和营养不良的困境，另一方面又是享有盛名的粮食生产和出口大国。

在过去几十年间，巴西的很多社会指标都有所改善，尤其自2000年以来，这种改善呈现出更快且具有持续性的趋势。2004～2009年，家庭人均收入等于或超过最低工资①的人口从5130万人增长到7790万人，占总人口的比例则从29%增至42%（BRASIL/IPEA，2011）。收入属赤贫、贫困和弱势群体的人口数量也有了非常明显的下降，其中，下降最明显的是赤贫人口数量，2004～2009年间降幅达到了44%，赤贫人口占总人口的比重则从15.1%降至8.4%。在同一时期，人均实际收入也实现了22%的增长。这种改善发生在巴

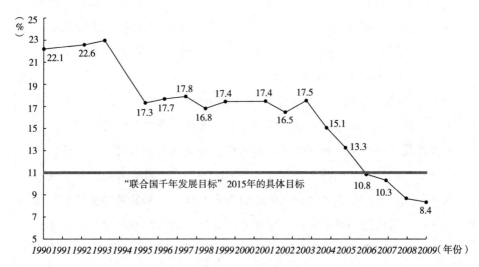

图3　1990~2009年巴西赤贫人口变化趋势

资料来源：根据1990～2009年"全国入户调查统计"（Pnad）的数据估算。参见BRASIL，Presidência da República，Secretaria de Assuntos Estratégicos，Barros，R，Mendonça，Re Tsukada，R. Portas de saída，*inclusão produtiva e erradicação da extrema pobreza no Brasil*，Brasília，2011。

---

① 2012年6月，巴西最低工资标准为622雷亚尔，约合306.92美元。根据巴西中央银行2012年6月5日的汇率（1美元=2.0266雷亚尔）计算。

西的所有地区，而在被认为是巴西最穷的东北部地区，改善的幅度更加明显。"联合国千年发展目标"的第一项目标提出，到2015年，赤贫人口数量应在1990年的基础上减少一半。从巴西的情况来看，该目标早在2006年便已实现（赤贫人口占总人口的比重从1990年的22.1%减少至2006年的10.8%）。即便如此，但不能忽视的是，截至2009年，仍有约8.4%的巴西人生活在赤贫环境下。

家庭救助金计划（PBF）

在很大程度上，最贫困人口收入的大幅增长是巴西改善及有效执行收入转移支付计划的结果，尤其是"家庭救助金计划"（PBF）。"家庭救助金计划"是一项有条件的直接收入转移计划，该计划的受惠对象包括人均月收入不足70雷亚尔（34.65美元）的赤贫家庭和人均月收入在70.01雷亚尔（34.66美元）至140雷亚尔（54.48美元）的贫困家庭。该计划的主要法律依据是2004年1月9日通过的第10836号法案以及2004年9月17日通过的第5209号法令。

"家庭救助金计划"是在"零饥饿战略"框架下成立的，其目的是保障获得足够食物的人权，促进粮食及营养安全，最终消除赤贫，以及帮助最受困于饥饿的那部分人口实现其公民权利。当前，"家庭救助金计划"隶属于"巴西无赤贫计划"（BSM），而后者直接针对家庭人均月收入低于70雷亚尔的1600万巴西赤贫人口。"家庭救助金计划"惠及全国范围内1300万个家庭，向赤贫家庭转移的月均补助额度为70雷亚尔。2003年10月至2012年4月，向巴西穷人直接转移的金额为935亿雷亚尔（约461亿美元）。

针对消除饥饿和贫困的这一计划基于三个基本层面的结合：（1）通过向家庭的直接收入转移，促进贫困紧急救助；（2）在相关前提条件实现的情况下（受惠家庭应保证其孩子的入学出勤率，接受公共医疗网络的卫生监管，以及国家保证公共政策的提供），加强在医疗和教育领域的基本社会权利的行使，从而有助于贫困家庭打破跨代贫困的恶性循环；（3）加强相关计划的协调，以促进家庭的发展，从而使"家庭救助金计划"受惠人克服饥饿和贫困的困境。"家庭救助金计划"在联邦、州、联邦行政区和市之间采取分散及统一相结合的管理方式。

资料来源：http://www.mds.gov.br/bolsafamilia，2012年7月25日。

所取得的进步同样可以从另一些社会指标的改善体现出来：巴西人的平均在学年数明显增加，从1992年的5.2年增至2008年的7.4年；婴儿死亡率迅速下降，从1990年的47.1‰降至2008年的19‰，18年间降幅达到60%；5岁以下儿童营养不良状况明显改观，但地区、种族和民族之间的不平等现象依然存在（参见图4）。从这些数据可以明显地看到，根除饥饿以及改善特定群体的生活条件仍是巴西需要不断争取实现的目标（CONSEA，2010）。

"粮食安全取决于政府、所有人民和国家的决心和努力。"

——多拉多·塔佩巴（Dourado Tapeba），印第安人，全国粮食及营养安全委员会公民社会顾问。

由于土著人被边缘化，存在享受基本公共政策（获取土地与领地、医疗、教育、社会保障等）的切实困难，对他们权利的保障是一个长期的挑战。全国卫生基金会（FUNASA）开展的"第一次土著人卫生与营养全国调查"（2008～2009年）的目的就在于了解印第安人的卫生与营养状况。[1]该调查显示，26%的受调查的儿童存在发育迟缓的问题。在土著人最为集中的巴西北部，高达41%的儿童存在发育迟缓的问题，这是一种与当前巴西经济与

① 该调查由卫生部及全国卫生基金会（FUNASA）实施，调查样本包括来自113个土著村庄的6707名妇女和6285名儿童。该调查得到了巴西健康研究协会(ABRASCO)和瑞典哥德堡大学伊比利亚美洲研究中心的支持。

社会状况极不协调的现象。而婴儿死亡率方面，印第安人群体高达44.4%，约为同期全国平均水平的2.3倍（BRASIL MS，2009）。

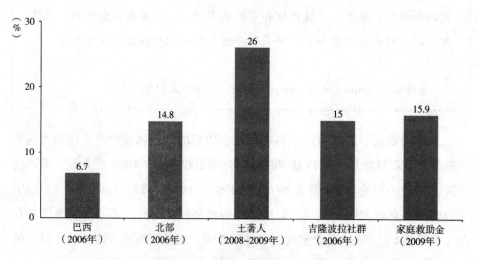

**图4　不同群体5岁以下儿童患病率差异，涉及巴西人、北部地区人群、
土著人和吉隆波拉（Quilombola）社群**

说明：吉隆波拉（Quilombola）社群是指奴隶制时期逃离的奴隶聚集地区的人们，后来该地区也包括一些社会边缘群体。

资料来源：Pesquisa Nacional de Demografia e Saúde (PNDS) 2006, I Inquérito Nacional de Saúde e Nutrição dos Povos Indígenas 2008-09, Chamada Nutricional de Populações Quilombolas 2006, SISVAN/CGAN/DAB/SAS/Ministério da Saúde, in：CONSEA. A segurança alimentar e nutricional e o direito a alimentação adequada no Brasil. Indicadores e Monitoramento：da constituição de 1988 aos dias atuais. Brasília, 2010。

　　另一个值得关注的不平等现象是性别议题：妇女是受赤贫、文盲、医疗体系缺陷、性冲突与暴力影响更大的群体。总体而言，妇女获得的薪酬少于同职业的男性，参与重要决策的机会较少，而在非正规经济部门的就业规模较庞大，从事双重劳动的情况也较多（家务劳动）。农村妇女虽然为粮食生产作出了显著贡献，且承担着无形的工作，但当她们融入和参与家庭和社区生活时却遭受到很大的歧视。另外也可以看到，在贫困人口中，由于家庭内部食物分配不平等以及过度劳作（农活和家务劳动），农村妇女和儿童往往是营养不良最严重的群体（SILIPRANDI，2004）。

在一个黑人人口接近总人口的48%，以及社会的不公现象主要针对黑人的国家，尽管早在135年前就废除了奴隶制，独裁体制垮台也已至少40年，但最为关键的是，那些受到不公正待遇的群体意识到不公平制度所带来的后果，并且共同努力应对挑战，以消除饥饿和社会不公。而粮食及营养安全委员会正好为保障高度弱势群体的权利提供了公民社会和政府相互协调的重要的民主平台。

——埃德加德·德加德·毛拉（Edgard Ap. Moura），研究员，黑人社会运动成员，全国粮食及营养安全委员会公民社会顾问。

3

新的治理模式：保障获得足够食物的人权

如前文所述，全国粮食及营养安全委员会重建于2003年，虽然其构成包括政府代表，但大多数成员来自公民社会。自那时起，政府与公民社会之间关于粮食及营养安全是一种人权的讨论日渐活跃。着眼于政府跨部门行动以及社会参与的角色的制度发展模式促进了该进程的发展。从此，一些有关尊重、保护、促进和赋予获得足够食物的人权的法律和制度基础发展起来并得到了实施。

2006年通过的《粮食及营养安全法》（LOSAN）是巴西关于该议题最主要的法律依据，根据该法律成立了粮食及营养安全体系，以保障获得足够食物的人权。此外，它也是一个指明国家在粮食及营养安全领域的道路的宪章，即确定了粮食及营养安全体系所遵循的普遍性、公平性、自主性、社会参与和透明的原则。

> 《粮食及营养安全法》第八条——粮食及营养安全体系应遵循以下原则：
>
> （1）保障获得足够粮食方面的普遍性和公平性，不存在任何形式的歧视；
>
> （2）保护自主性以及人的尊严；
>
> （3）确保在各级政府层面，在事关粮食及营养安全的政策与计划的制订、实施、跟进及监管过程中的社会参与；
>
> （4）计划、行动、公共和私有资源及分配标准的透明性。

《粮食及营养安全法》建议制定一项《国家粮食及营养安全政策》（PNSAN）以及一个《国家粮食及营养安全规划》（PLANSAN）。《国家粮食及营养安全政策》是该法律指导方针最实际且具可操作性的体现，因为它包含了包括筹资机制、监督和评估政府行动在内的管理程序。而《国家粮食及营养安全规划》是规划政府行动的基础，其中包含行将实施的计划与行动、量化目标以及实现这些目标所需的时间。该计划还与公共预算相关，因为在公共预算中，明确了资源的使用和去向。

《粮食及营养安全法》
- 确定了基本原则
- 明确了国家行动的指导方针
- 成立了"国家粮食及营养安全体系"（SISAN）

《国家粮食及营养安全政策》
- 《粮食及营养安全法》指导方针的系统化（实施）
- 管理、融资以及监管
- 明确联邦、州、联邦区和市之间的职权

《国家粮食及营养安全规划》
- 规划程序
- 确定目标、挑战、指导方针
- 分配公共预算资金

图5　保障获得足够食物的人权的法律依据

何谓"国家粮食及营养安全体系"？

"国家粮食及营养安全体系"是一个融合政府不同部门的体系，旨在协调促进粮食及营养安全以及实现所有人获得食物的权利的政策。为确保人权，巴西从统一和协调系统角度来运用公共政策管理的办法，其中始终包括在公共行动的制定、实施和监管中的社会参与。

《粮食及营养安全法》第九条——国家粮食及营养安全体系所遵循的准则：

（1）促进跨部门的政府与非政府政策规划与行动；

（2）保证政府行动的权力下放，以及在合作机制下的协调；

（3）对粮食及营养状况实行监管，以协助不同政府部门的政策管理；

（4）通过提高人民自主生活能力，实现保障获得足够食物的直接和间接措施的结合；

（5）协调预算与管理之间的关系；

（6）促进研发和人力资源培训。

国家粮食及营养安全体系的管理实体如下：

• 全国粮食及营养安全会议——每4年召开一次，向全国粮食及营养安全委员会介绍《国家粮食及营养安全政策与规划》的指导方针与优先目标，并对国家粮食及营养安全体系进行评估；

• 全国粮食及营养安全委员会——总统的直属咨询机构；

• 粮食及营养安全跨部联席会（Camara Interministerial de Segurança Alimentar e Nutricional, CAISAN）——由政府部长及负责粮食及营养安全政策执行的特别秘书处官员组成；

• 联邦、州、联邦行政区和市各级政府负责粮食及营养安全的机构和实体；

• 营利性或非营利性的，有兴趣参与并符合"国家粮食及营养安全体系"标准、原则和方针的私营机构。

联邦层面国家粮食及营养安全体系管理的最高实体

全国粮食及营养安全会议

表决粮食及营养安全政策与规划的指导方针和优先目标；

参会代表：公民社会代表占2/3，政府代表占1/3；所有27个州和联邦行政区均有代表参与。

全国粮食及营养安全委员会

根据全国粮食及营养安全委员会的决议，提出指导方针和优先目标，并为粮食及营养安全政策与规划确定所需的预算。

成员组成：来自公民社会的顾问占2/3，另1/3为政府代表。

粮食及营养安全跨部联席会

根据全国粮食及营养安全委员会公布的指导方针，制定粮食及营养安全政策与规划，明确政策的方针、目标、资金渠道以及跟进、监督和评估手段。

政策、规划以及国家体系之间如何相互联系

体系、政策与规划就像同一个齿轮中的不同部分，只有在一起才能使联邦宪法和《粮食及营养安全法》提出的实现获得足够食物的人权的原则得到落实。该体系是一个复杂的架构，以协调不同机构内部各部门之间，以及联邦、州、联邦区和市各级政府之间的关系。该体系通过粮食及营养安全公共政策体现出来，这也是该体系中最基本的元素以及相关性最强的方面，因为它属于源自政府机构并能达到社会层面的且改变权利人生活的公共行动。

粮食及营养安全公共政策的复杂性与多样性使得系统性的方式极为重要，因为从其积极的方面来看，它可以确保更大的合理性以及更全面地看待人口问题和成本效益，并避免政策的重叠，从而促进不同部门行动的融合。

粮食及营养安全的政策与规划使该体系中有组织的行动得以实现：使对于将做什么，怎么做，谁是负责的公共机构及其职能是什么，社会主体（政策中的权利人）是谁，什么时候实施，利用什么样的人力、物力及财政资源等问题有一个更明确的认识。

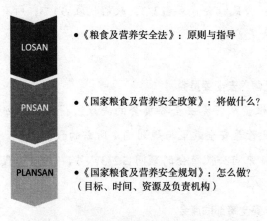

- 《粮食及营养安全法》：原则与指导
- 《国家粮食及营养安全政策》：将做什么？
- 《国家粮食及营养安全规划》：怎么做？（目标、时间、资源及负责机构）

图6　政策、规划与体系的内部关系

作为宪法权利的食物权

在国家粮食及营养安全体系的法律框架下，2010年由国会表决通过的第64号宪法修正案是一个重要事件。食物与教育、医疗、就业和居住等一道被确定为所有巴西人应享有的社会权利。食物权作为一项宪法权利，要求国家

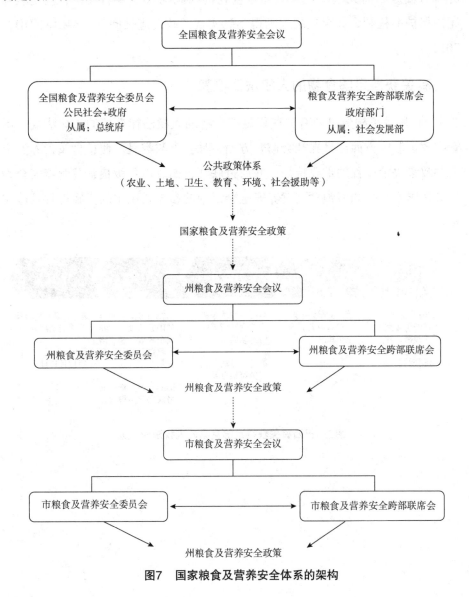

图7 国家粮食及营养安全体系的架构

评估其涉及粮食及营养安全的政策规划、社会保障政策，以及这些政策的决策方式。

将获取食物作为一项宪法权利，即强调每个人是保证粮食及营养安全公共政策的"主人"，而非相关政策的"受益人"。或者说，那些不管是因为哪方面原因而无法实现获得充足食物的权利的人，他们现在有着受联邦宪法保护的权利，如果这种权利得不到实现，政府应被问责（ABRANDH，2012）。

有关获得足够食物的人权法律框架

图8显示了构成巴西有关获得足够食物的人权法律框架的法律法规。不管在政策制定方面还是在社会监督方面，社会参与都是巴西粮食及营养安全公共政策决策过程的重要特征，并通过联邦、州、市各级粮食及营养安全委员会在国家、州和市粮食及营养安全会议中的参与式民主的实施得到具体体现。

1992	2006	2007	2010	2011
第591号法令（1992）批准了《经济、社会与文化权利国际公约》	第11346号法令《粮食及营养安全组织法》	第6273号法令成立"粮食及营养安全跨部联席会" 第6272号法令成立"国家粮食及营养安全委员会"	第7272号法令制定"国家粮食及营养安全政策"和"国家粮食及营养安全规划" 第64号宪法修正案将获取充足粮食确定为一种权利	第1个国家粮食及营养安全规划 第9号决议（2011年12月13日）

图8　巴西有关获得足够食物的人权法律框架

全国粮食及营养安全委员会及其运转：
如何实现社会参与

全国粮食及营养安全委员会由一个全体大会（顾问）、一名主席、一名秘书长、一名执行秘书、若干个常设专项委员会和若干个工作组组成。作为该委员会的最高审议机构，全体大会是根据一定的比例（后文作相关说明），由构成委员会的公民社会和政府代表的所有成员（无论是正选成员或候补成员）组成。每2个月例行召开一次全体会议，在必要情况下可举行特别会议。每个正选成员有权在委员会发言，并拥有1票的投票权，而候补成员和嘉宾（或观察员）只有发言权（参阅附件"全国粮食及营养安全委员会构成"，该附件基于委员会2012～2013年任期），根据社会团体、代表机构、政府成员和观察员机构分类）。

这是参与式民主的一项重要实施，它主张在国家公共政策建立过程中的社会参与。它也包括一个学习的过程，以求提高公民社会在参与委员会和会议的过程中表达自己意愿的能力。同时，它需要政府代表们的决心，从而确保他们的政策规划能在社会高度参与的公共论坛中（如公共政策委员会）得以阐释并接受评估。这些委员会向各个社会部门开放，鼓励提出不同看法和观点，并关注政府和民间团体间以及二者内部所存在的争端与分歧。

全国粮食及营养安全委员会的组成和行动有其特殊性。其中一个特殊性源自其粮食及营养安全的跨部门性，这就需要对该委员会有一个机制性定位，从而促进各政府部门之间、社会各界不同代表之间的平等对话。正是出于这种认识，使得全国粮食及营养安全委员会直接隶属于巴西总统府，这也表明了巴西将反饥饿和促进粮食及营养安全置于政治优先位置。遵循同样的思路，在联邦以下的各级政府（州政府与市政府）行政长官办公室下也设立了州和市一级的粮食及营养安全委员会。

另一个特殊性体现在它所采用的代表性标准上，该标准的采用旨在弥补国家与民间组织之间的不平等关系。鉴于这种考虑，全国粮食及营养安全委员会2/3的成员来自公民社会，剩余的1/3则来自不同的政府部门。当前，全国粮食及营养安全委员会由19位内阁部长和38位公民社会代表（包括12位代表国际机构或其他国家委员会的观察员）组成。与此同时，委员会的自主性同样非常重要，委员会的主席是从公民社会代表中选举产生的，而总秘书处则由社会发展和反饥饿部的代表执掌，该部涉及最多的是与粮食及营养安全相关的政策行动。这种组成方式同样适用于州、市政府级别的粮食及营养安全委员会。另外，全国粮食及营养安全委员会还包括观察员组织，它们在辩论中有发言权和参与权[①]（有关委员会的构成详情，请参阅附件）。

全国粮食及营养安全委员会是一个直接向巴西总统负责的顾问委员会，因此该委员会的审议具有提议的特征，也就是说，其审议结果并不属于对行政部门的强制性决议。这个敏感问题有时成为争议的焦点，其中，那些公共政策的社会参与所面临的挑战非常值得进一步探讨。在粮食及营养安全政策方面，可以说，顾问委员会的角色源于在相关政策决策与实施中实现跨部门性的考虑。因此，这种顾问机制的明显局限体现在其提交议案的可能性方面（即便这些针对政府不同部门的提案是来自总统府），因为几乎所有的政府部门均存在各自的社会参与机制。

在粮食及营养安全方面采取跨部门模式的成功之处在于，它使全国粮食及营养安全委员会吸收了相当比例的政府部门的参与，这些政府部门均由其各自的部长所代表。一项国家粮食及营养安全政策包括了比联邦部委数量更多的政府方案与行动计划，事实上，这些方案和计划有着各自的讨论平台，并且各部门通过公共政策委员会来实现社会参与。如果赋予其强制性，那就意味着将全国粮食及营养安全委员会的审议置于其他同样具有审议合法性的机构之上，甚至包括一些资历更深、制度更成熟的机构，这种优先权安排无疑是存在问题的。

在这种体制框架下，全国粮食及营养安全委员会提案的有效性不仅仅取决于其内容的推理与依据，更取决于政治层面的特殊因素，如与社会期望的密切关系和寻求与其他社会参与平台之间的协调。定位和运作这种跨部门的粮食及营养安全体系上的成功必须基于政府不同部门之间的复杂对话与谈判，且需寻求社会组织和其他领域的社会网络的参与。

全国粮食及营养安全委员会参与公共政策的能力并非仅仅取决于其顾

---

① 乐施会是全国粮食及营养安全委员会的观察员组织之一。

问委员会的性质，其决议的内容、社会基础和政治力量是决定这些政策能否取得成功的关键。为此，委员会不应排斥社会动员，所以其所坚持的立场应该得到广泛的社会支持。相反，巴西的经验表明，当有自主性的公民社会参与其中，并且当社会网络和运动能够对其施加压力时，全国粮食及营养安全委员会的有效性会更强（事实上，所有的公共政策委员会都适用）。与此同时，为了提出可能被采用和实施的提案，委员会应具备较高的谈判能力。

自2003年以来，全国粮食及营养安全委员会的运行取得了一系列的成功，建立了"家庭农业收购粮食计划"（PAA），以及针对家庭农业提出了制订专项"丰收计划"的提案。该委员会还成立了由公民社会与政府共同组成的工作组，提出了制定《粮食及营养安全法》的提案，其内容包括公民社会在粮食及营养安全领域已确定多年的关于人权的概念、原则及视角。

该委员会通过与巴西总统的直接谈判，促成了基于人均校餐价值的"全国校餐计划"（PNAE）的恢复，并为制订该计划的先进的立法草案发挥了重要作用。而对于改进"家庭救助金计划"（有条件的收入转移）的提案也在该委员会得到了深入的讨论。另外，该委员会在呼吁制定首个"国家粮食及营养安全规划"的倡议中发挥了核心作用，该规划当前正处于最初的实施阶段。但与此同时，也有一些提案未被采用，原因要么是它们体现了与霸权势力之间的严重对抗，比如关于转基因粮食的生产和销售注意事项的提案，要么是因为没有在联邦政府内获得足够的支持，比如关于建立一项与粮食及营养安全指导方针一致的国家供应政策的提案。

总之，粮食及营养安全议题已经找到了一个政治平台，它为公民社会和联邦政府提供了对话和交流的渠道，使得该议题以及不同意见均能得到体现，进而有助于公共政策的制定。全国粮食及营养安全委员会引领了巴西关于粮食及营养安全的公共日程的动员与建立，而联邦政府在该领域实施的相关计划的透明度将有助于此项任务的执行，与此同时，这些计划的制订与实施构成了全国粮食及营养安全委员会工作日程的核心内容。

一些供政府与公民社会讨论的混合论坛，比如全国粮食及营养安全委员会，事实上并不是基于确切的伙伴关系的论坛，而往往会涉及一些争端与冲突，以最终寻求可能的共识。尽管私有部门，甚至一些社会团体的参与程度并不高，但全国粮食及营养安全委员会在巴西获得了越来越高的认同。同时，它也一贯强调改善公民社会代表的咨询及人事任命程序，以保证更大的合法性以及巴西各个社会部门和地区在粮食及营养安全问题上不同维度的多样性。

> 全国粮食及营养安全委员会是听取社会需求的政治意愿的结果；是农村、林区和城市公民心声的表达；是行使民主，实现政府与社会之间协商，表达批评意见，并基于跨部门原则从多维度监管粮食及营养安全的渠道。
>
> ——玛利亚·艾米利亚·帕切科·里斯本（Maria Emília Pacheco Lisboa），社会与教育援助协会、全国粮食及营养安全委员会主席。

全国粮食及营养安全委员会的运作方式

常设委员会负责在全体大会之前举行辩论及相关陈述，起草提案供全体大会评议。另外，还设有一些工作组（临时性的）研究并起草具体方案。常设委员会和工作组设有一名协调员，即公民社会顾问代表。该代表由委员会成员选举产生，并得到来自政府部门的专家的协助。政府部门专家、受邀机构代表以及所讨论主题的相关专家均可参加常设委员会。

2012～2013年度的常设委员会有：

• 第一常设委员会："国家粮食及营养安全体系与政策"，其中包括"实现获得充足食物的人权的指标与监测工作小组"；

• 第二常设委员会："国家与国际宏观挑战"，其中包括"国际日程、性别、粮食及营养安全工作组"；

• 第三常设委员会："粮食生产、供应与充足且健康的粮食"，其中包括"粮食供应工作组"；

- 第四常设委员会："获得足够食物的人权"；
- 第五常设委员会："黑人和传统人群与社区的粮食及营养安全"；
- 第六常设委员会："土著人的粮食及营养安全"；
- 第七常设委员会："消费、营养与教育"。

除此之外，全国粮食及营养安全委员会还设有一个州粮食及营养安全委员会主席常设委员会。该委员会在联邦和州级别的粮食及营养安全体系与市一级的粮食及营养安全体系之间的联系中发挥着举足轻重的作用。

常设委员会的设置是为了改进全国粮食及营养安全委员会的结构而进行的周期性努力，旨在建立讨论平台，使相关议题可以在这里得到深入的审议并得出专项处理办法，从而避免讨论的部门化。因此，该委员会的提议，除了体现跨部门的解决办法外，也反映了国家粮食及营养安全政策与规划的挑战及优先目标。

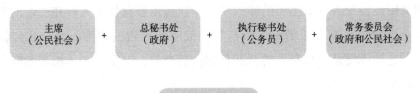

图9　全国粮食及营养安全委员会的结构

公共政策中的干预手段

根据全国粮食及营养安全委员会通过的内部决议，①委员会的集体决定在经过全体大会表决通过后可以采取以下几种形式公布。

决议：在国家粮食及营养安全政策范畴内，凡涉及指导方针、政策、行动规划、项目和全国粮食及营养安全委员会内部规章，地区、州、市委员会和有组织的公民社会之间的联系与动员战略的相关审议。所有经全体大会表

---

① 《第3号决议》，2005年6月7日，http://www4.planalto.gov.br/consea/legislacao/resolucao-no-3-de-07-de-junho-de-2005/view，检索日期：2012年7月27日。

决通过的决议须在《联邦正式公报》上发表公布。

公示：凡涉及与立法或法律提案、与粮食及营养安全相关的指导方针、计划、项目以及联邦政府、企业、大学、社会团体和非政府组织活动的提议。

原因陈述：与总统之间的直接交流的形式，就某一特定事项陈述事实、批评意见和认识，并表明粮食及营养安全委员会提出的具体建议。这是落实粮食及营养安全委员会向总统提供顾问职能的最主要的方式。

全国粮食及营养安全委员会顾问的角色

着眼于找到解决争议性议题的思路，针对这些议题的辩论对于所有参与辩论的人都是有益的。首先，实施参与式民主意味着不同党派之间的谈判，而这正是公共委员会中的顾问们所期待的。顾问们的一个普遍的观点是：饥饿和贫困是侵犯人权最主要的原因所在，获得足够食物的人权在巴西的实现需要一个稳定且有利于消除饥饿与贫困战略的实施的政治、社会和经济环境，而这种环境是以权利人的活跃且知情的参与，以及义务承担者的问责制为基础的。

以下是确保活跃且知情的参与在公共委员会中得到实施的相关建议。

• 知悉相关群体面临的现状：为达到该目标，需搜集有关人权侵犯（包括解决问题的办法）的数据、研究和相关指标，了解并协调与社会组织和运动之间的关系。

• 明确哪些是弱势群体：清楚了解哪些是社会最弱势的群体，哪些是受到人权侵犯影响最严重的社区和群体。与其他社会群体相比，这部分群体需要得到更优先的关照。正如我们所知，人权具有普适性，但公共政策与服务应该首先惠及那些身处灾难和赤贫状况中的群体（如儿童、孕妇和老年人）。

• 了解哪些公共政策将惠及社区：首先需要了解谁是公共政策的权利人。政府部门有义务提供关于公共政策的实时信息，这包括目标履行、份额及援助标准的报告。互联网可为信息公开提供有力支持。公共政策的透明度是社会的一项权利，并在巴西《信息公开法》^①中有明文规定。

- 提高公共预算培训和信息公开：要形成并提出有效的建议，就需要了解公共预算。可以从从事该议题工作的实体或职员那里获得此类信息。重要的是要记住，公共预算通常由立法机构授权，通过法律确定公共资金的多少及其使用方式。如要对公共预算施加影响，则需要获知公共预算的起草及表决的期限。

- 国家需要在其执行能力发展和工作环境方面做永久性投资，以此履行其义务与责任。另外，还需要政府部门的顾问积极地参与委员会的活动。

- 注意社群的环境及紧迫的经济问题：在某些时候，可能会在某些社群中出现危急情况，比如洪水、自然灾害、城市暴力、土地争端等，它们需要公共机构采取紧急措施来应对。全国粮食及营养安全委员会可成为呼吁采取紧急行动以保护受影响群体生命权利的机构之一。

- 监督本地区加入粮食及营养安全体系及其实施情况：需要了解与该体系相关的法律。知悉所有法律文本是使这些法律落到实处的一个必要步骤。

- 重视社会参与的新语言和新形式，比如作为不同文化和民族象征的艺术和音乐。要认识到新媒体在社会参与中的巨大潜力。这些形式可以大大促进社会动员以及政府与公民社会之间的对话。

性别不平等和粮食及营养安全

我们已经认识到，妇女和儿童是受社会脆弱环境影响最严重的群体。正因为如此，对这个问题的特殊关注成为巴西争取粮食及营养安全的社会运动的议程。广为人知的性别不平等不会自动引导那些解决该问题的政策的实施，因此，要将妇女权利纳入社会计划以及社会运动的日程中，就需要为相关概念依据及政策工具的建立投入不断的努力，并给相关部门施加压力。这些依据和政策工具涵盖面很广，包括认识到妇女在粮食及营养领域的责任和各种角色，同时又不能忽视粮食问题应是全社会的关注议题，以及妇女作为

---

① 详细情况请参照《信息公开法》（葡文版），http://www.acessoainformacao.gov.br/acessoainformacaogov，检索日期：2012年7月27日。

政策对象及权利人在决策过程中的参与（SILIPRANDI, 2008）。

在2003年全国粮食及营养安全委员会的重建初期以及分别于2004年和2007年召开的第二届和第三届全国粮食及营养安全会议中，性别议题已经成为关注的焦点。在全国粮食及营养安全委员会及会议的代表资格标准以及公共政策特殊行动方案中，性别问题均被纳入其中。比如"家庭救助金计划"中直接转移给妇女的资金；在"家庭农业信贷计划"（PRONAF）中，也有针对妇女的特别贷款安排。

最初且最重要的成果之一是，该倡议被融入第四届全国粮食及营养安全会议（2011）的会议成果以及"妇女构建粮食及营养主权和安全"研讨会的政治宪章之中。该文件的全文可以参阅第四届粮食及营养安全会议报告的最终版本（www.presidencia.gov.br/consea）。在该文件中被强调的议题包括：对发展模式中的父权价值观的批判；与民族发展的视角相联系；重视妇女在粮食生产以及生态农业运用中的作用；妇女作为粮食及营养安全政策的重要主体，其作用需得到体现；为制定性别平等政策，需要设计不平等指数及监管手段。

尽管如此，直到2010～2011年度，才在全国粮食及营养安全委员会范围内达成了系统处理性别问题的决定，并成立了性别和粮食及营养安全工作组。尽管该工作组专门针对妇女权利和粮食及营养主权与安全议题开展讨论，但这一专门性论坛的存在并非意味着全国粮食及营养安全委员会的其他部门不能将性别议题纳入其各自的议程中。

粮食及营养安全：巴西的概念与原则

当代巴西的经验对于有关饥饿的国际讨论的贡献在于，它将粮食及营养安全定位为粮食及营养领域公共行动与政策的目标之一，不管这些是政府的还是非政府性质的。与世界其他地区一样，这种模式在巴西的建立，是把粮食与营养安全概念的发展与将其视为公共行动与政策目标的认识和传播相结合的产物。粮食及营养安全体系内部的集体建设以及公民社会与政府、议会中进步势力之间的协调实现了对巴西宪法的修订——将健康饮食、粮食及营养安全纳入宪法权利范畴。尽管粮食及营养安全实施的关键在于国家机构在制定公共政策中的社会参与，但它也包括公民社会所倡导的、具有公共特质的行动。

粮食及营养安全的定义很容易受到不同概念以及不同运用手段的影响，当它被用来制定公正政策建议时，往往涉及一个很明显的争议点。对这一议题不同的认识和争议来自政府、国际组织、生产部门、公民社会组织、社会运动及其他。但是，正如巴西的情况，不同看法并未阻止旨在实施粮食及营养安全政策与行动的共识和协议的达成（即便是部分的）。

下文显示了《粮食及营养安全法》对于粮食及营养安全的定义，该法于2006年表决通过，并在2010年通过第7272号总统令颁布。这一概念出自2003年召开的"巴西粮食及营养主权与安全论坛"，随后于2004年在奥林达（Olinda）举行的第二届全国粮食及营养安全会议上获得了通过。它体现了自20世纪80年代以来社会运动与政府在"粮食及营养安全"概念发展过程中所作出的贡献。

粮食及营养安全

粮食及营养安全是所有人定期和永久地获得足够且优质食品的权利的实现，它不影响对其他基本需求的获得。它基于促进健康的营养学，尊重文化多样性，以及社会、经济和环境的可持续性。

（LOSAN，第三条，2006年）

正如上述定义，粮食及营养安全成为一项公共的、战略的和永久性的目标，这具有被纳入国家发展选择的核心范畴的特征。从一开始，巴西就给通常所称的"粮食安全"加入了"营养"这一术语。这种理念是为了实现经济社会、健康与营养等多种方式的结合，这也导致了这一强调跨部门视角的概念的演变。另一特征是将两个实际上不可分割的层面（粮食供应与粮食质量）统一在一个概念中，没有把粮食的物理供应（粮食安全）与安全消费（食品安全）概念中的粮食质量分离开来。这两个维度的结合让我们质疑那些主导的生产消费模式以及粮食健康的参照。

由于粮食及营养安全被理解为公共行动与政策的一个目标，因此，政策的制定、执行和监管应体现两大基本原则，即获得充足且健康的粮食的人权和粮食主权。与这些原则的联系以及跨部门性的行动使得这种模式中的"粮食安全"概念与一些政府与国际机构，尤其是大型粮食生产和加工企业的企业家们所广泛使用的"粮食安全"概念存在差异。"粮食及营养安全"的概念体现在所有公民在粮食及营养的充分性（应对饥饿与营养不良）、质量（与营养不良相关的疾病预防）和合理性（与社会、自然和文化环境之间的和谐）方面的安全感。除"营养均衡"因素外，只有当有利于人类健康的发展，有助于人类了解其权利与义务及对环境及其后代生活质量的责任时，这种饮食才能算是合理的。

获得充足粮食的人权应该通过粮食及营养安全政策得到保证，同时这也是国家和社会的责任。

获得充足粮食的人权

充足的粮食是人类的基本权利，它是人的固有尊严，也是实现众多联邦宪法权利不可缺少的部分。它需要公共权力部门采取必要的政策与行动，以促进和保证人民的粮食及营养安全。

（LOSAN，第二条，2006年）

巴西政府和社会有义务履行关于粮食权利的国际法律法规，其中，我们强调三个法律法规：（1）《经济、社会和文化权利国际公约》，巴西于1966年签署并已获得批准；（2）联合国人权事务高级专员办公室于1999年采用的"第十二条一般性意见"（获得粮食的人权）；（3）联合国粮农组织（FAO）委员会于2004年采用的"实现充足的食物权自愿准则"。但是，尚没有有效的手段来促进、监督以及问责这些义务的履行情况，这是一个公认的不同领域国际协定普遍存在的限制。在履行1996年世界粮食峰会以及5年以后的评估会议所作出的各项承诺方面，同样是有限的。

从国际秩序的角度来看，粮食及营养安全的目标一般与主权相关，通常是从国家主权的层面来强调该问题。这种考虑虽然重要，但不足以区分那些共存于国家内部的各种利益（毕竟，这些并非同质的集团），也不足以应对全球粮食体系建立过程中的挑战。但是有利的是，自20世纪90年代中期以来，粮食主权的概念主要通过社会运动得到了广泛的传播。它体现了国际层面的社会协调在应对大企业掌控下的全球粮食体系方面所取得的进步，在那个环境下，民族国家丧失了制定自身农业粮食政策的主权。

2001年在古巴哈瓦那举行的世界粮食主权论坛对粮食主权做出了以下定义。

粮食主权

……各国人民有权制定自己的可持续的粮食生产、分配和消费政策和战略，在中小型生产的基础上保障所有人口的食物权，尊重他们的文化和农民的多样性，尊重捕鱼权和土著人民进行农业生产、推销和管理农村地区的形式，同时妇女在其中发挥着关键的作用。

如下所示，《粮食及营养安全法》纳入了粮食主权的视角。

> "获取充足粮食的人权以及粮食及营养安全的实现需要遵守主权的原则，该主权赋予所有国家粮食生产与消费领域的决策权。"
>
> （LOSAN，第五条，2006年）

因此，促进粮食及营养安全要求与粮食及营养相关的政策的主权行使，这些政策超越严格的商业逻辑，即商业法规，而纳入获得粮食的人权的视角。这样，公共行动与政策的目标（粮食及营养安全）与限定原则（粮食主权）之间的联系就建立了起来。粮食主权也意味着，以各自名义采取的政策，特别是那些具有这种权力的国家所采取的政策，不能损害其他国家的主权。

这种风险实际上存在于国际协定（贸易、投资、知识产权、生物多样性等）的条款以及旨在促进和保护国内工业和资产的政策中。国际贸易并不一定是促进粮食及营养安全的可靠保证，其作用应与国家发展战略相联系。

粮食及营养安全是一个强调所有人权利的目标，具有战略特性，应在主权政策的实施中通过持续的方式去争取实现。由于道德、经济和政治原因，经济发展进程与粮食问题得以相互联系，而粮食问题则对一个社会的社会公平模式有着决定性的影响。因此，各国应对粮食问题的方式可能有助于或有碍于促进社会公平、营养及国民生活质量可持续改善的进程。

粮食及营养安全的路径在质疑粮食消费模式不足的同时，寻求扩大对粮食的获取，建议通过更公平、健康和可持续性的方式生产和销售粮食，并对涉及边缘群体或需要特殊饮食的群体的政策行动进行重新分类。这三条行动方针将粮食及营养安全转化成衡量国家发展战略以及可持续发展和社会公平的一项参数。

对粮食的获取不仅包括吃得有规律，还包括吃得好。根据文化习惯以及营养学实践，吃优质和充足的食物，才能保持与食物相关的乐趣。这一观点同样适用于受饥饿影响最严重的个人和群体，因为它并不是一个给予这些人随便什么食物就能得到解决的问题。此外，如果粮食的成本阻碍了获取有尊严生活的其他部分（如教育、医疗、住房和休闲），那么定期获得食物并不能代表粮食及营养安全的状况。这是像巴西这样社会高度不平等国家中的一个突出问题。

在粮食供应方面，粮食的大量生产和充足的供应并不能证明这个国家符合（不管是当前还是长远的角度）粮食及营养安全的要求。这取决于粮食是怎样生产、销售和消费的，因为粮食及营养安全的模式需要将地方、社会、文化和环境等因素考虑在内。粮食的供应并不能脱离人们的社会状况以及他们与文化和环境的关系。

在我们的日常生活中，我们是带着强调三个层面的概念和一个方法论的视角行事的。首先是粮食的层面，它涉及粮食的足量、连续和可持续的生产和供应；第二是营养的层面，它涉及粮食的质量，即适当的制作和适当的卫生保健；第三是粮食主权，它保证每个国家为其人民构建粮食及营养安全政策的权利。在方法论上，它建立在政府内外跨部门性且公民社会的有效参与中。

——耐迪森·德·金特拉·巴布蒂斯塔（Naidison de Quintella Baptista），巴西半干旱地区联盟（ASA）执行协调员，社群组织运动（MOC）成员和全国粮食及营养安全委员会公民社会顾问。

6

从"零饥饿战略"到"无赤贫巴西计划"

　　作为巴西的典型做法，把粮食及营养安全的目标与发展战略相结合的目的在于将粮食及营养安全从纯粹的补偿性或部门政策中脱离出来，从而将其转换成国家政策。真正重要的是在消除饥饿的同时，也消除产生社会不平等的条件，如低就学率、医疗服务匮乏、缺乏住房、土地、电力、水和卫生设施，以及对其他重要生活条件的缺乏。2003年上台的卢拉政府代表着一个政治机遇期，打开了一扇机遇之窗，使得公民社会的利益诉求和政府着眼于此的规划目标之间的融合成为可能。粮食安全与反饥饿特别部门（MESA）的成立——后更名为社会发展与反饥饿部（MDS），标志着反饥饿被确定为国家的优先目标，并推动制定了一系列跨部的措施与政策。而在社会和政治运动中建立起来的公民社会的议程也因此找到了与"零饥饿战略"对话的肥沃土壤，在该战略成形的过程中，有着社会各界的广泛参与。

　　自卢拉政府（2003～2010年）的首个任期以来，"零饥饿战略"就已转变为一项政府规划，旨在协调反饥饿领域的公共政策和规划，以确保获得足够粮食的人权，在三级政府层面采取交叉性和跨部门行动，并融入社会的参与。国家行动主要强调四个领域：粮食获取，收入增加，加强家庭农业，社会联系、动员和监督。

　　根据收入水平的衡量标准，着眼于"受饥饿影响最严重的群体"或"粮食及营养最不安全的群体"的"零饥饿战略"预计将惠及4400万人（占巴西总人口的27.8%）。由于衡量饥饿、赤贫和贫困存在难度，对"受饥饿群体"数量的估算是根据1999年全国入户调查数据[①]中的可支配收入进行的。当时，在"受饥饿群体"的920万户家庭（约占总户数的21.9%）中，19.1%的家庭生活在大都市，25.1%的家庭生活在非大都市城镇地区，46.1%的家庭来自农村地区；而这些家庭的户主64%为棕色人种或黑色人种（INSTITUTO CIDADANIA，2001）。

　　下文显示了指导"零饥饿战略"的广泛的和跨部门的原则。

---

① 具体方法可参阅"零饥饿战略"组织的研究，参见Takagi, Del Grossi和Graiano da Silva《贫苦与饥饿：一种在巴西寻找问题量化的方法》。

"零饥饿战略"的核心、规划与行动

（1）粮食获取

●收入的获取：家庭救助金计划

●粮食的获取：全国校餐计划（PNAE）、维生素A和铁分配计划、特殊群体粮食计划、粮食及营养教育、粮食及营养监控系统（SIS-VAN）、工人粮食计划（PAT）

●地方与区域粮食及营养安全网络：大众食堂、社区厨房、集市、城市农业和粮食银行

●水的获取：水箱

（2）加强家庭农业

●家庭农业融资计划（PRONAF）：农业保险和收成保险

●家庭农业收购粮食计划（PAA）

（3）收入增加

●社会和职业资格

●集体经济与生产包容

●针对生产的小额信贷

●粮食及营养体系地区安排：农村发展委员会、粮食及营养安全委员会、公民权领地

（4）社会联系、动员和监督

●社会救助咨询中心（CRAS）、家庭全面关爱计划（PAIF）

●公共政策委员会（粮食及营养安全委员会及其他社会监管委员会与理事会）

●公民教育与社会动员

●捐助

●与公司和实体之间的伙伴关系

资料来源：ARANHA，AV：《巴西反饥饿战略的构建》，《"零饥饿"文集：巴西的历史》第1卷，巴西利亚，2010，第74~95页。

在众多的社会计划中，需要着重强调前文所提及的"家庭救助金计划"（一项有条件的现金转移支付①计划）和全国校餐计划，以及一系列粮食及营养公共设施，如大众食堂、粮食银行、社区厨房以及针对小农的专项行动。

"家庭救助金计划"的评估结果表明，受援助家庭的现金消费主要在粮食上。此外，相关数据也体现了该计划在提高入学率（包括中学）、强化妇女产前检查以及减少不平等方面的有效性。而粮食及营养安全委员会认同该计划在促进获得充足粮食的人权方面的突出作用。

在促进生产的诸多计划中，较突出的有"家庭农业收购粮食计划"（PAA）和"家庭农业融资计划"（PRONAF）。

"家庭农业收购粮食计划"成立于2003年，根据粮食及营养安全委员会的建议，该计划是加强粮食生产者与消费者关系的公共政策手段。其主要目标在于支持家庭农业的农牧业产品销售，鼓励粮食生产，以便欠缺粮食的家庭获取这些粮食。②

该计划向家庭农业者、土地改革定居者、传统社群直接收购粮食，从而反过来通过政府计划向那些欠缺粮食的家庭提供粮食，从而推动向社会最脆弱群体的粮食分配，以及建立粮食战略储备。

土地发展部的"家庭农业融资计划"由公共银行执行，它向家庭农业和土地改革定居者的个体项目或集体项目提供融资。根据巴西社会环境的多样化，该计划包括一系列范式。同时，它也是家庭农业运动组织水平的体现。

2011年上台的迪尔玛·罗塞夫（Dilma Rosseff）政府带来了新的视角，扩大了指导卢拉政府的政府行动的重点，进而从消除饥饿扩展到消除巴西的贫困或赤贫。正因为如此，在新政府上台后的前几天，就宣布了名为"无赤贫巴西计划"的新战略行动。该计划的着眼点在于强化面向那些尚未从赤贫环境中脱离出来的阶层的政策力度，尽管"零饥饿战略"为此已做出了很多努

---

① 根据《社会援助组织法》（Loas）和"家庭救助金计划"的规定，现金转移支付包括联邦政府的社会保障福利、失业保险、工资奖金、援助福利等支付项目的开支。

② "家庭农业收购粮食计划"资金来自社会发展与反饥饿部和土地发展部。该计划由联邦政府与国家粮食供应公司、州和市共同协作实施。

力。贫困存在多种层面且有着不同的表现形式，因此，在巴西或其他社会中被认为是贫困的群体有着较大差异。有必要强调的是，对粮食的获得仍应是优先重点，因为获得粮食的情况永远是衡量个人、家庭或社会群体生存状况（尤其是赤贫的社会群体）的重要参数。

这一新计划将以粮食主权和获得充足且健康的粮食的人权为原则，进一步推动粮食及营养安全，并强调公共政策的社会合法性和对经验的系统总结。2011年8月，罗塞夫政府根据前总统卢拉签署的总统令颁布了首个《国家粮食及营养安全规划》（2012～2015年）。

针对消除赤贫，粮食及营养安全委员会在粮食及营养安全方面提出了基于以下分析的三大建议。

第一，根据"2009年全国入户调查"，关于粮食安全的专刊提出的"巴西粮食不安全状况"的统计方法，2004～2009年，巴西处于粮食不安全状况的家庭数量比例从34.9%下降至30.2%。所谓存在粮食不安全因素的家庭即指其家庭成员遭遇某种粮食供应的短缺，或者至少担心由于缺少购买粮食的资金而可能面临着供应短缺的困境（IBGE，2010）。应对之策：通过"家庭救助金计划"和"社会保险计划"，使现金转移支付、教育和医疗进一步普遍化，并结合针对土著人及其他传统社群、北部和东北部农村人口、无家可归和其他形式的城市贫民等特殊群体的专项政策。

第二，巴西缺乏一项由国家扮演积极角色的供应政策，通过促进生态农业为基础的家庭生产，结合分权协调的方式，以扩大充足且健康的粮食的获得。应对之策：通过控制杀虫剂的使用（巴西已成为世界上最大的杀虫剂市场），推动生产、销售与消费模式的深刻变化；通过鼓励生态农业的模式，促进多元化农业的发展；保护社会的生物多样性；保护小农的权利；确保土地改革以及对土地和水的获取。农村家庭是具备赤贫高发和粮食生产者双重特质的社会群体，其权利应受到更多的关注。

第三，最重要的贡献是在巴西的粮食及营养安全及其他公共行动领域，加强社会参与和监督。通过三级政府与社会代表之间的协商，建立国家粮食及营养安全体系的承诺，使在巴西消除赤贫的目标有希望得以实现。诸如粮食及营养安全委员会（国家、州及市层面）这样的跨部门参与的论坛为政府部门之间、三级政府之间以及政府与公民社会之间的协调提供了一个特别有效的机制。

在所有建议采取的行动中，儿童、老人和妇女需要特别关照，尤其是那些农村地区的女性工人和农民，因为她们更容易遭受贫困，更难享受公共政策。众所周知，巴西的家庭农业为全国人口提供了大约70%的基本粮食，而这种粮食生产肯定离不开妇女的工作。从历史上来看，农村妇女的工作往往被忽视，与男性相比，她们有着很明显的不对称性。一般而言，农村妇女是典型的家庭食物提供者，不仅因为她们直接在农场或庭院耕种作物，而且也因为她们还承担家务和照看小孩的活动。农村妇女通过多样化而健康的粮食生产，为争取粮食及营养主权和安全作出了贡献。

另外，为了促进充足且健康的粮食获取，需要通过统一医疗体系的营养保健措施和粮食广告监管，强化与预防和应对因劣质粮食所引发的健康卫生相关的教育行动。2009年的官方数据显示，巴西分别有50.1%的成年男性和48%的成年女性体重超标，12.5%的成年男性和16.9%的成年女性肥胖。在未成年人中，约21.5%的男孩和19.4%的女孩体重超标。目前，在消除饥饿与营养不良方面所取得的显著成绩是与上述及其他健康情况被纳入公共健康问题考虑范畴相伴随的，应该注意的是，这些问题严重地影响了最贫困的群体。

最近的国际粮食危机使得粮食和农业问题成为全球讨论的核心。农产品国际价格的大幅波动和世界很多地方（包括巴西）农产品国内价格的走高，证明有必要加强国家的调控作用以及以家庭为基础的粮食生产，这也是2006年通过的第11346号法案所提出的国家粮食及营养安全体系的组成部分。如果粮食价格听任投资商和私有部门摆布，就不可能真正消除赤贫。

巴西也需履行促进全人类粮食及营养主权与安全的责任，而不仅仅停留在从粮食出口的增加中受益的层面。事实上，巴西已在世界不同地区成为该领域国际合作中的主要援助国，尤其是在拉丁美洲和加勒比以及非洲地区。相关数据反映了这种合作规模：2008年，巴西通过世界粮食计划署（PMA）和联合国粮农组织（FAO）向古巴、海地、洪都拉斯和牙买加捐赠了4500吨大米、2000吨奶粉和500公斤蔬菜种子；2010年，用于人道主义援助的资金总额约为9550万美元；2011年，除其他一些政策手段和经济援助外，约在国际人道主义援助中捐赠了50万吨粮食，如大米、菜豆、玉米和奶粉（CGFOME，2010）。同样重要的是巴西与国外公民社会组织之间的合作，或参加诸如联合国粮农组织粮食安全委员会（CSA）的"公民社会机制"之类的国际论坛，或在巴西和他国举办共同活动。粮食及营养安全委员会的社会参与也受到了广泛的国际关注，与此同时，它已与其他公民社会行为体分享其经验。

完全根除社会不公是一种乌托邦的想法，因为它产生于社会中的私有关系和国家机器的利益所有权之中。但是，消除那种否认大批民众能够过上最起码的生活的极端想法却是可能的。为此，这种明确的承诺不应该仅仅来自联邦政府，也应该来自三级政府层面和其他权力部门，除此之外，还应该有来自社会的决策参与和监督。

7

巴西经验的启示

在巴西经验诸多具有特色的因素中，以下的启示尤其值得关注，它们既源于所取得的成绩，也来自尚面临的一些挑战。

• 在社会不同部门和不同议题领域的非政府和政府主体的参与式进程中建立起来的社会嵌入概念和原则，它们在随后的法律和体制框架中得到了体现。

• 关于粮食及营养安全和主权、获得粮食的人权的跨部门和系统方式的发展，它着眼于制订整体性的计划与行动，并充分考虑那些决定个体、家庭和社会群体粮食及营养状况的诸多因素。

• 联邦政府将饥饿和粮食及营养安全作为政府议程的优先目标之一，将粮食及营养安全委员会确定为超部长级（或超部门级），并向相应的公共规划提供预算和体制支持，而这种政治决心也得到了一些州政府和市政府的效仿跟随。

• 公共政策制定、实施、监测与监督中的社会参与，有助于克服传统技术官僚的做法，同时能够促进公民社会组织的能力建设，以满足特殊需求和计划的要求。社会参与的可能性有助于逐步克服那种短视的眼光，即错误地认为公民社会组织不具备促进公共政策的制定与执行的条件，公共政策的制定和执行只是国家独有的通过其选定的代表来履行的任务。

• 让那些与粮食及营养安全和主权、粮食权相关的各个方面（有时甚至是有争议的方面）的社会矛盾和不同观点显现出来，给予这些议题以及作为社会对话的公共论坛的粮食及营养安全委员会合法性以及社会认同和政治认同，尽管政府部门在其中的参与形式各异，它们的行动有时甚至是矛盾的。

• 公民社会在社会网络中（如巴西粮食及营养安全主权和安全论坛及其在州和市层面的同类论坛）的自主组织扩大了公民社会组织的能力，它们通过机制参与、社会动员及其他合法需求手段相结合的方式，影响粮食及营养安全委员会、会议以及其他参与性论坛的议程的确立。

•对透明度和问责制的一贯追求，为此，政治意愿和技术培训至关重要，从而保证对公共行动的社会监测与监督，正如粮食及营养安全委员会针对粮食权实施、公共预算监控、方案设计与管理所开发的指标方法所体现的那样。

•鉴于公民社会组织在公共计划执行中及其重要经验支持方面的战略角色，应强调社会组织通过透明的并伴有社会监督的方式来获取公共资金。

关于巴西的社会构建

尽管巴西在整个社会领域，尤其是在粮食及营养方面取得了不容置疑的进步，但其社会债务与其当前的经济发展水平仍不相匹配。巴西仍有大批生活在赤贫线以下的民众，其社会不公水平依然居世界最高行列，另外，尚有几百万家庭无法受惠于公共政策，这导致他们获得充足食物的权利无法得到保障。此外，在保守的部门中存在着一股持续抵制力量，旨在削弱甚至定罪那些为社会正义而斗争的社会运动和组织，进而破坏巴西的民主。

即使面对着其他议程的压力，也不能因为在消除饥饿与贫困领域已经取得的成功而减少对这一议题的政治优先考虑。事实上，由于可能面临的后退风险，消除饥饿与贫困不仅需要持续的监控，而且还应向一些尚未开发的领域进行推广。《国家粮食及营养安全规划》以改善那些粮食权正受到侵犯的巴西民众的生活条件为重要目标，监管这些既定目标的实现是公民社会以及政府管理者们的一项紧迫且需要协作的任务。

关于粮食及营养安全体系的建立，仍需要推进州和市政府所作出的有效承诺，这些承诺基于在议会已获得通过的《宪法修正案》第64号（2010年），该修正案将粮食权利纳入联邦宪法规定的社会权利中。这一显著成就应该通过建立、加强和确保获得充足粮食权的机制，以及与致力于在巴西建立权利文化的人权公共政策体系相协调而得到延续。

关于全球粮食及营养主权和安全

由于受国际和国内粮食高价的影响以及经济和金融危机爆发并最终掩盖

了关于粮食问题的讨论，当前世界正处在一个危及各地区多数民众获得充足粮食的权利的关键时刻。

粮食及营养安全委员会提出的建议指向损害民众粮食及营养主权和安全、粮食权的全球粮食生产与消费模式中的危机，倡议贫困人口作为重要组成部分而融入社会。更为严重的是粮食危机的系统性特征，这一点能从它与经济、环境（气候）和能源危机的相互联系中得到体现，尤其因为这几个因素之间互为因果的内部联系，这就需要一个全局的视野。

由在粮食及营养领域所获得的声誉所衍生出来的国内和国际责任要求巴西，当然也包括整个国际社会，不能仅仅从商业的角度来考虑经济领域所产生的贸易收益。粮食及营养安全委员会所收集的关于巴西社会运动的建议集中在以下几个方面：

- 为生产和消费模式提供新的可持续性基础；
- 支持基于农业生态学的家庭农业；
- 在重视农业生物多样性的基础上，提高多样化的粮食生产；
- 保证和促进那些保障医疗、教育、最低基本工资及其他权利的公共政策的获取；
- 加强地区粮食文化和饮食习惯；
- 对土地（强化国家土地改革政策）、水及其他自然资源的获取的民主化；

上述这些建议强调加强国家的调控能力以及国家供应政策的实施，从而增加对基于可持续的分权体系之上的优质粮食的获取，同时协调从生产到消费的各种行动，以解决由劣质饮食引发的健康问题。

从这个意义上来说，国际人道主义援助行动应该完善在政府部门和公民社会之间跨部门和参与式的动态协调，以超越传统的粮食援助形式，从而促进那些需要合作的国家的粮食及营养安全主权政策的建立与实施。

与此同时，国际行动应支持全球粮食及营养安全治理的构建，这种治理是基于获取充足粮食的人权、社会参与、共同但有区别的责任、谨慎、遵守多边主义等原则。这些理念应体现在农业贸易谈判和其他关于粮食及营养主权和安全的国际协议中。在巴西，区域层面的行动被认为是至关重要的，这些区域性行动除了巴西在非洲和葡萄牙语国家共同体（CPLP）的行动外，还有在扩大的南方共同市场（MERCOSUL）和南美洲国家联盟（UNASUL）范围内的行动。重要的是要注意该地区国家在最近的粮食危机中的受影响程度，以及在拉丁美洲构建包括社会组织和网络参与的地区粮食及营养安全战略的前景。葡萄牙语国家共同体国家已经建立了一个粮食安全工作组，其首次会议于2012年7月在莫桑比克的马普举行。由于在该事务上的经验较多，巴西在该次会议上被寄予了发挥突出作用的厚望。

确立的原则

最后，巴西在反饥饿与贫困斗争中所取得的进展是通过社会斗争以及采取合适的公共政策的政治决心来实现的。它们包括促进巴西民主的视角，并重申以下原则：

- 充足且健康的粮食被视为人的权利和国家的义务；
- 粮食及营养主权和安全被理解为国家经济社会发展战略的核心内容；
- 公民社会的参与通过社会对话的正式渠道得到保证；
- 更强的国家调控角色，应将人权保护置于市场利益之上；
- 在粮食及营养安全公共政策的理念及管理中的跨部门的实施（各部门间的常规对话）；
- 妇女在争取粮食主权保障、自然资源保护及可持续管理中的战略角色；
- 尊重并保证在粮食及营养安全公共政策制定和实施中针对土著人、黑人和传统个人与社群的民族发展原则（普遍的或特殊的）；
- 反种族主义和反歧视的政策的制定与实施，尤其是针对消除社会、地区、民族与种族、性别不平等的政策；

和平、社会福祉，消除饥饿、贫困以及一切形式的歧视和种族主义，取决于参与式民主的深化以及更合理的收入和权利的分配。这也是保证实现充足粮食的人权以及一个民族的粮食及营养主权和安全的必要条件。

Abrandh. Ação Brasileira pela Nutrição e Direitos Humanos. *Direito humano à alimentação adequada no contexto da segurança alimentar e nutricional.* Valéria Burity et al. Brasília, 2010.

_____. Ação Brasileira pela Nutrição e Direitos Humanos. In: *O direito humano à alimentação adequada e o sistema nacional de segurança alimentar e nutricional.* Conteúdos do curso a distância disponíveis na plataforma eletrônica de ensino a distância. Brasília, 2012.

ARANHA, A. V. Fome Zero: a construção de uma estratégia de combate à fome no Brasil. *Coleção FOME ZERO*: uma história brasileira, vol. I. Brasília, 2010, p. 74-95.

BRASIL. Instituto de Pesquisa Econômica e Aplicada (IPEA). *Mudanças recentes na pobreza brasileira.* Comunicado nº 111, Brasília, agosto de 2011.

BRASIL. Ministério da Saúde. Fundação Nacional de Saúde (FUNASA). *I Inquérito Nacional de Saúde e Nutrição dos Povos Indígenas.* Consórcio ABRASCO (Associação Brasileira de Pós-Graduação em Saúde) & Institute of Ibero-American Studies, Goteborg University, Suécia. Brasília, 2009.

BRASIL. Ministério da Saúde. Secretaria de Gestão Estratégica e Participativa. *A construção do SUS*: histórias da reforma sanitária e do processo participativo. Brasília, 2006.

BRASIL. Ministério das Relações Exteriores. Coordenação Geral das Ações Internacionais de Combate à Fome (CGFOME). *Cooperação Humanitária Internacional*: balanço 2006-2010. Brasília.

BRASIL. Presidência da República. Secretaria de Assuntos Estratégicos (SAE). Barros, R.; Mendonça, R.; Tsukada, R. *Portas de saída, inclusão produtiva e erradicação da extrema pobreza*, no Brasil. Brasília, 2011.

CASTRO, Josué de. *Geografia da Fome*. 5ª edição. Rio de Janeiro: Civilização Brasileira, 2005.

CONSEA. Conselho Nacional de Segurança Alimentar e Nutricional. *A segurança alimentar e nutricional e o direito à alimentação adequada no Brasil*. Indicadores e Monitoramento: da constituição de 1988 aos dias atuais. Brasília, 2010.

IBGE. Instituto Brasileiro de Geografia e Estatística. PNAD. *Pesquisa Nacional de Amostra de Domicílio*. Suplemento de Segurança Alimentar. Rio de Janeiro, 2010.

INSTITUTO CIDADANIA. *Projeto Fome Zero*: uma proposta de política de segurança alimentar para o Brasil. São Paulo, 2001.

LEÃO, M. M.; CASTRO, I. Políticas Públicas de Alimentação e Nutrição. *Epidemiologia Nutricional*. Org. Kac, G et al. Fiocruz e Atheneu. Rio de Janeiro, 2007.

MALUF, R. Construção do SISAN, Mobilização e Participação Social. *Coleção FOME ZERO*: uma história brasileira, vol. II. Brasília, 2010, p. 27-37.

MENEZES, F. Mobilização social e participação da sociedade civil. *Coleção FOME ZERO*: uma história brasileira, vol. I. Brasília, 2010, p. 120-32.

PAIM, J. S. *Reforma sanitária brasileira: contribuição para a compreensão e crítica*. Salvador: Eduufba/Rio de Janeiro: Fiocruz, 2008.

PELIANO, A. M. Lições da história: avanços e retrocessos na trajetória das políticas públicas de combate à fome e à pobreza no Brasil. *Coleção FOME ZERO*: uma história brasileira, vol. I. Brasília, 2010, p. 26-41.

SILIPRANDI, E. Políticas de segurança alimentar e relações de gênero. *Cadernos de Debate*. Campinas, SP, v. XI, p. 38-57, dez 2004.

_____. *Políticas de alimentação e papéis de gênero*: desafios para uma maior eqüidade. Cadernos. SOF 64.109, 2008.

SILVA, L. I.; SILVA, J.G. *Política Nacional de Segurança Alimentar*. São Paulo, Governo Paralelo, 1991.

TAKAGI, M. A implantação do programa FOME ZERO do governo Lula. *Coleção FOME ZERO*: uma história brasileira, vol. I. Brasília, 2010, p. 54-73.

附件　全国粮食及营养安全委员会构成

公民社会顾问代表（共38位）

传统个人与社群（4位）

- 矿工
- 渔业养殖工人
- 非洲宗教社群
- 吉隆波拉社群

土著人（2位）

家庭农业、农村工人和土地改革定居者（4位）

半干旱地区（1位）

黑人（1位）

有特殊需求的人（1位）

- 残障人士

工会与职业机构（3位）

- 工会
- 营养学机构

全国宗教网络（3位）

- 社会牧师
- 全国基督徒网络
- 儿童牧师

职业代表与研究机构（1位）

- 预算、参与和监管人员

全国主题性网络与论坛（10位）

- 农业生态
- 集体经济
- 公民教育
- 全国社会动员网络
- 巴西粮食及营养主权与安全论坛（3位）
- 城市部门
- 公民行动
- 消费者

学者与专家（4位）

- 集体医疗
- 营养和粮食及营养安全政策
- 社会政治方式
- 指标与监督

获取粮食的人权机构（2位）

企业（2位）

- 雇主农业
- 粮食与供应工业

政府顾问代表（共19位）

1. 总统府人事办公室
2. 农业、牧业及食物供应部
3. 科学、技术及创新部
4. 教育部
5. 财政部
6. 全国统一部
7. 渔业及养殖部
8. 卫生部
9. 城市部

10. 外交部

11. 土地发展部

12. 社会发展与反饥饿部

13. 环境部

14. 计划、预算和管理部

15. 劳动与就业部

16. 人权秘书处

17. 促进种族平等政策秘书处

18. 妇女政策秘书处

19. 总统府总秘书处

受邀及观察机构（28个组织）

1. 巴西援助行动组织

2. 总统府特别顾问处

3. 巴西联邦储蓄银行

4. 巴西妇女协会

5. 经济与社会发展委员会

6. 社会援助全国委员会

7. 可持续农村发展全国委员会

8. 集体经济全国委员会

9. 全国卫生委员会

10. 全国环境委员会

11. 国会粮食及营养议会阵线

12. 巴西银行基金会

13. 联合国儿童基金会

14. 巴西小母牛组织

15. 泛美农业合作研究所

16. 两国伊泰普组织

17. 联邦公共检控官办公室

18. 联合国教育、科学与文化组织

19. 联合国粮食与农业组织

20. 泛美卫生组织

21. 乐施会国际联会

22. 联合国发展计划署

23. 土地、领土与食物权报告处

24. 巴西支持小、微型企业服务处

25. 全国农业学徒服务处

26. 工业服务处

27. 贸易服务处

28. 全国餐具组织

资料来源：全国粮食及营养安全委员会（CONSEA）

A construção social de um sistema público de segurança alimentar e nutricional: A experiência brasileira

Sumário

Resumo Executivo

1. O Brasil tem obtido resultados promissores no combate à fome e à pobreza. O presente documento relata o caminho percorrido para a construção de uma nova governança para a oferta de políticas públicas capazes de iniciar um ciclo virtuoso para a eliminação progressiva da fome e da pobreza. Contudo, é relevante ressaltar que permanecem, no país, dinâmicas geradoras de desigualdades e ameaçadoras à justiça social e ambiental;

2. O documento relata como o Brasil tem tentado encontrar soluções originais para a eliminação da fome e da pobreza, creditando ao Estado a obrigação de implementar políticas públicas que garantam os direitos fundamentais do ser humano: direito a renda mínima, alimentação, saúde, educação e trabalho. O documento é dirigido às pessoas e organizações interessadas em conhecer as estratégias que o país vem adotando, para a garantia da soberania e segurança alimentar e nutricional e do direito humano à alimentação adequada;

3. O processo da redemocratização do país, iniciado em meados da década de 1980, foi fundamental para forjar as relações, atualmente existentes, entre o Estado e a sociedade civil. A Constituição Federal aprovada em 1988 assegurou direitos sociais, civis e políticos que forçaram o Estado Brasileiro a assumir a necessidade de reorganizar sua estrutura e governança para o cumprimento de suas novas obrigações. Além disso, a Constituição de 1988 possibilitou novas formas de participação em políticas públicas, por meio de conselhos e de controle social das políticas, permitindo ainda parcerias entre setor público e setor privado sem fins lucrativos. Uma nova arena para o diálogo social foi constituída;

4.Ficou evidente que as modificações necessárias às instituições públicas transcendiam aos limites de uma reforma administrativa e financeira, exigindo-se uma reformulação mais profunda, ampliando-se os conceitos dos diversos setores governamentais e sua correspondente ação governamental. A sociedade civil sempre esteve presente e foi protagonista neste processo de reconstrução e ampliação das instituições públicas, com vistas a assegurar os novos direitos conquistados;

5. A abordagem sistêmica foi a opção de diversos setores, possivelmente por facilitar a regulação da articulação interfederativa – federal, estadual e municipal-e a gestão intersetorial, em que se podem definir claramente os papéis e as responsabilidades de cada um, com a preservação da autonomia de cada ente federado. A adoção de um "sistema nacional" para a oferta das políticas públicas também veio atender a tendência nacional de compreender os diversos setores da sociedade de maneira interdependente e indivisível. Para os brasileiros, o conceito de segurança alimentar e nutricional, em seu sentido mais abrangente, é a resultante da realização do direito à alimentação (acesso regular e permanente a alimentos adequados a todos) com as condições em que se produz e se comercializa o alimento, sem comprometer outros direitos como habitação, saúde, educação, renda, meio ambiente, trabalho, transporte, emprego, lazer, liberdade, acesso e posse da terra;

6. O Projeto Fome Zero foi originalmente concebido em 2001 por uma organização da sociedade civil sem fins lucrativos, com interesse em contribuir com a formulação de uma Política Nacional de Segurança Alimentar e Nutricional, que o país ainda não dispunha. Adotado pelo Governo Lula, a partir de 2003, colocou o combate à fome e à pobreza como prioridade política e abriu espaço para a construção de instrumentos legais que assegurassem a continuidade das políticas e programas dirigidos aos mais pobres. A promulgação da Lei Orgânica de Segurança Alimentar (LOSAN), em 2006, criou o Sistema Nacional de Segurança Alimentar

e Nutricional (SISAN) com o intuito de garantir e proteger o direito humano à alimentação adequada. Importa ressaltar que a LOSAN tem forte abordagem de direitos humanos, o que coloca a dignidade do ser humano e seu apoderamento no centro das discussões sobre políticas públicas e reforça as relações entre governos e sociedade civil. Foram lançadas aí as bases para que a Constituição Federal incluísse o direito à alimentação entre o rol dos demais direitos sociais já assegurados, o que veio a acontecer em 2010;

7. O Sistema Nacional de Segurança Alimentar e Nutricional (SISAN) tem como mandato organizar e fortalecer as instâncias do Estado Brasileiro e criar espaços formais para a participação social via Conselhos de Segurança Alimentar e Nutricional (CONSEA) para o desenho, a incidência e o monitoramento das políticas públicas do campo da soberania e segurança alimentar e nutricional. O documento apresenta o modo de funcionamento e as inter-relações existentes entre as instâncias de governança do sistema e a participação da sociedade civil. Apresenta também os instrumentos legais que constituem o marco de referência que rege o direito humano à alimentação adequada no país;

8. Entre as principais lições aprendidas deste processo histórico estão: (i) a importância da pactuação participativa de conceitos e princípios; (ii) a adequação da opção por uma abordagem sistêmica e intersetorial, como forma de garantir o direito humano à alimentação adequada e de promover a segurança alimentar e nutricional; (iii) o papel relevante da sociedade civil garantida por meio de espaços formais para o diálogo social (Consea); (iv) a importância de o Estado colocar a proteção dos direitos humanos acima dos interesses do mercado; (v) a necessária prática da articulação intersetorial na concepção e na gestão das políticas públicas de segurança alimentar e nutricional; (vi) o papel estratégico das mulheres na luta pela garantia da soberania alimentar, na conservação e no manejo sustentável dos recursos naturais e (vii) o respeito e a garantia dos princípios de etnodesenvolvimento na formulação

e implementação das políticas públicas para povos indígenas, população negra e povos e comunidades tradicionais;

9. Em que pese os indiscutíveis avanços obtidos, muitos desafios permanecem na agenda brasileira. A desigualdade social existente é incompatível com o atual nível de desenvolvimento econômico do país. O número de pessoas que ainda vivem em vulnerabilidade social e que não têm acesso a todos os programas públicos aos quais têm direitos é alto. Além disso, verifica-se nos setores conservadores um recorrente esforço de enfraquecimento e de criminalização das organizações e movimentos sociais que lutam por justiça social e ambiental, o que contribui para fragilizar a democracia brasileira;

10. O documento conclui que os avanços obtidos pelo Brasil, na luta contra a fome e a pobreza, foram alcançados com a conjunção dos interesses do governo e da sociedade civil, numa construção coletiva, participativa e democrática. A continuidade das principais políticas públicas que contribuíram com tais avanços é condição imperativa, como também a reunião de forças políticas e sociais para a superação dos desafios que ainda se interpõem à frente da completa eliminação de todas as formas de violações de direitos e da desigualdade social.

A construção social de um sistema público de Segurança Alimentar e Nutricional
A experiência brasileira*

Marília Leão e Renato S. Maluf[①]

> "Não se chegará jamais à paz com um mundo dividido entre a abundância e a miséria, o luxo e a pobreza, o desperdício e a fome. É preciso acabar com esta desigualdade social".
>
> Josué de Castro

Apresentação

Os resultados obtidos pelo Brasil no combate à fome e à miséria são expressivos e têm chamado a atenção no mundo inteiro. O "Fome Zero" se tornou uma marca conhecida. Há interesse em replicar esta política pública, mas internacionalmente se conhece pouco sobre o processo que levou à construção da Política e do Sistema Nacional de Segurança Alimentar e Nutricional, que são, em

---

* Este documento é fruto da parceria entre a Oxfam e Abrandh. A Abrandh é uma organização brasileira, não governamental e sem fins lucrativos, que defende a democracia e os direitos humanos, em particular o direito humano à alimentação adequada.

① Este documento foi escrito por Marília Leão, presidente da Abrandh e conselheira da sociedade civil no Consea, e por Renato S. Maluf, professor da Universidade Federal Rural do Rio de Janeiro (UFRRJ), ex-presidente do Consea (2007-2011) e atualmente conselheiro da sociedade civil no Consea. A versão final deste documento incorpora contribuições relevantes da equipe da Oxfam: Simon Ticehurst, Muriel Saragoussi, Juana Lucini e Carlos Aguilar.

última instância, a expressão da aspiração brasileira de acabar com a fome.

Pensar na experiência brasileira é pensar na complexidade de uma sociedade plural que busca soluções criativas em meio aos embates de modelos de desenvolvimento em disputa. No Brasil, sabemos que foi preciso desenvolver uma capacidade de trabalho intersetorial, habilidades para o diálogo entre atores sociais e de ação transversal entre as esferas de governo e entre órgãos públicos. Sabemos que esta construção tem por base processos de participação e controle social, desenhados por uma história de lutas e conquistas – uma tecnologia social. Há muito interesse em conhecer esta história por parte de outros países que buscam solucionar problemas similares aos nossos.

Ancorado na Estratégia Fome Zero, o Brasil vem fortalecendo o direito humano à alimentação adequada, buscando contribuir com o sistema das Nações Unidas (ONU), especialmente com a Organização das Nações Unidas para Agricultura e Alimentação (FAO) e o Programa Mundial de Alimentos (PMA), respeitando-se os princípios internacionalmente pactuados da soberania dos povos, neutralidade e solidariedade. A experiência brasileira influiu na reforma do Comitê de Segurança Alimentar (CSA) da FAO, na expectativa de que ele venha a ser o principal espaço multilateral para debate e proposições relativas à segurança alimentar e nutricional. A cooperação internacional brasileira e o Conselho Nacional de Segurança Alimentar e Nutricional (CONSEA) têm sido demandados constantemente sobre o assunto.

Ao decidir contar essa história, a Oxfam e a Abrandh esperam contribuir com a sua disseminação e a multiplicação da capacidade das diferentes sociedades em alcançar, pela via democrática, resultados concretos e duradores de combate à fome e à pobreza.

Boa leitura e mãos à obra!

Objetivos e escopo do documento

Este documento tem como objetivo descrever o processo de formulação de um sistema público destinado a respeitar, proteger, promover e prover o direito humano à alimentação adequada. O documento pretende contribuir com as organizações da sociedade civil, os movimentos sociais, os agentes públicos e o setor privado que têm interesse em conhecer as estratégias que o Brasil vem adotando, para o enfrentamento da fome e da pobreza e para a promoção da soberania e segurança alimentar e nutricional. O Brasil tem tentado "fazer diferente" quando estabelece políticas públicas efetivas para ampliação do acesso à alimentação adequada, para a redistribuição da renda e criação de oportunidades para as famílias e pessoas socialmente vulnerabilizadas.

A sociedade brasileira é extremamente desigual, originada na própria história do país, exemplificada pela elevada concentração da propriedade da terra, que vem dos primórdios da colonização e persiste até nossos dias. Também se destaca o legado do passado escravocrata na discriminação da população negra e dos povos indígenas. Um contingente significativo de pobres vivendo em condições de muita precariedade sempre esteve entre as manifestações de desigualdade no país, que até um passado recente era incapaz de oferecer condições dignas de vida para o conjunto da população.

O presente documento faz um breve resgate histórico para demonstrar que o inconformismo de parcela da sociedade brasileira com o quadro acima descrito resultou no atual estágio de organização política e social do país, no campo da segurança alimentar e nutricional. O documento apresenta os avanços obtidos nesse campo e demonstra que, sobretudo, as entidades da sociedade civil organizada pressionaram e contribuíram decisivamente para a construção participativa da governança atualmente existente nessa área. O texto apresenta a trajetória da formação do Sistema Nacional de Segurança Alimentar e Nutricional (SISAN), conforme hoje estabelecido, que se origina na militância e no empenho de lideranças políticas, sociais e intelectuais na luta contra a fome e pela defesa dos direitos humanos, que tiveram como principal ponto de partida o processo de redemocratização da sociedade brasileira, na década de 80.

O SISAN tem como mandato estruturar as instâncias do Estado Brasileiro e criar espaços formais para a participação social via conselhos de políticas públicas, denominados de Conselhos de Segurança Alimentar e Nutricional (CONSEA), que por sua vez devem apresentar proposições para desenho, avaliação e monitoramento das políticas públicas. Importa ressaltar que tudo isso tem sido acompanhado de uma abordagem de direitos humanos, que, concomitante à permeabilidade do Estado Brasileiro, tem permitido a participação ativa dos atores e movimentos sociais na gestão das políticas públicas. A abordagem de direitos tem sido grande aliada da democracia por colocar a dignidade do ser humano e seu apoderamento no centro das discussões sobre políticas públicas e nas relações entre governos e sociedade civil. Essa abordagem instrumentaliza indivíduos e grupos para a luta por seus direitos individuais e coletivos, o que os fazem mais aptos a exercerem a cidadania.

Ao longo do texto, serão descritas as características das atuais instâncias de governança que conformam o SISAN, tais como a Conferência Nacional Segurança Alimentar e Nutricional, a rede de CONSEAs (CONSEA: nacional, estaduais e municipais) e a Câmara Interministerial de Segurança Alimentar e Nutricional (CAISAN). Será descrito como esses espaços se organizam para enfrentar os desafios e os setores hegemônicos do mercado que ameaçam ou violam o direito humano à alimentação adequada. O texto também apresenta os instrumentos que constituem o marco legal que rege o direito humano à alimentação adequada no Brasil.

Segurança Alimentar e Nutricional e o Direito Humano à Alimentação Adequada no Brasil: o caminho percorrido

A construção do SISAN não foi uma decisão política de um governo, mas sim um processo partilhado com a sociedade civil, resultante de duas décadas de mobilização e luta social. É uma construção que combina participação institucional com mobilização autônoma das organizações e redes sociais.

A sociedade civil há muitos anos defende conceitos e propostas que culminaram no atual desenho do SISAN. Ocorreram mobilizações populares em torno do tema da fome, da reflexão e crítica aos modelos de produção agrícola existentes, do abastecimento de alimentos e dos programas públicos de alimentação e nutrição. Foram muitas as tentativas de formulação de planos e políticas públicas, mesmo em momentos adversos da vida econômica e política do país (PELIANO, 2010). Mas foi, sem dúvida, o trabalho pioneiro de Josué de Castro que deu partida ao debate sobre o problema da fome e pobreza no Brasil como uma questão social e política, nos anos 1940.

Desde então se compreendeu o problema da alimentação como um complexo de manifestações simultaneamente biológicas, econômicas e sociais e que a erradicação da fome dependia, sobretudo, da decisão política de fazê-lo. Ele alertou que a fome não era simplesmente um problema de saúde pública (carência de nutrientes) ou problema restrito à área social (políticas assistencialistas). Josué de Castro foi o primeiro intelectual que denunciou a fome como um produto do subdesenvolvimento e de um modelo econômico que de maneira perversa perpetuava as péssimas condições de vida, as altas taxas de desnutrição entre crianças e adultos derivadas da pobreza e consequente acesso insuficiente à água potável e alimentação adequada, que afetava a maioria da população brasileira (CASTRO, 2005). Josué teve coragem para enfrentar o tema da fome, o que até então era um tabu no Brasil e em muitas partes do mundo.

Foi a partir de diagnósticos feitos por ele, ainda nos anos 1940-50, que os primeiros serviços de alimentação coletiva foram criados, que o salário mínimo foi instituído no país e que foi criada a "Campanha da Merenda Escolar", que viria a se transformar no atual Programa Nacional de Alimentação Escolar (PNAE), para citar apenas algumas de suas contribuições políticas.

No ano de 1964, o Brasil sofreu um golpe de Estado que instaurou uma ditadura militar que durou 20 anos (1964 a 1984). Esse período foi marcado pelos sucessivos presidentes militares que operavam um regime autoritário, antidemocrático e uma dura repressão à liberdade individual e coletiva. Nesse tempo houve massiva supressão dos direitos civis e políticos considerados básicos, como o direito de votar, a liberdade de expressão, a liberdade da imprensa, de organização política, entre outros. Na década de 1970, período chamado de "Milagre Brasileiro", houve grande crescimento econômico, mas do ponto de vista social não houve mudança significativa, visto que a riqueza gerada não alcançou as camadas mais pobres da população. A justificativa econômica do regime era que seria necessário fazer o "bolo crescer" para só depois dividi-lo, mas o que ocorreu foi o acirramento da desigualdade social e a ampliação de políticas públicas de caráter assistencialista e compensatório. O Brasil se tornou um dos países mais desiguais do mundo.

O conjunto de violações de direitos, a forte repressão do regime e a situação de pobreza em que vivia a maioria da população brasileira forjaram, nessa época, forte indignação e motivação por grupos da sociedade civil que lutavam para mudar essa realidade. Apesar de os canais de reivindicação e de participação social estarem muito limitados, havia resistência por meio de movimentos sociais que se organizavam nas periferias das grandes cidades, sindicatos e entidades de classe, militantes e políticos ligados a setores de esquerda e também de grupos ligados às universidades. Assim, o período de maior repressão política e social foi também um período de grande mobilização da sociedade civil brasileira, pelo fim da ditadura, por eleições diretas e pela restauração da democracia.

No início da década de 1980, aprofundaram-se as lutas políticas por democracia e direitos que confluíram, a partir do ano de 1985, para a transição da ditadura militar para um governo civil, período no qual a sociedade civil organizada lutou ativamente pelo restabelecimento do Estado de Direito. Não há dúvida de que a mobilização popular e a pressão exercida por diversos segmentos da sociedade civil organizada foram essenciais para que o processo de redemocratização lograsse êxito. A emergência de um amplo movimento social contra a fome e pela segurança alimentar e nutricional, desde uma perspectiva de cidadania, foi parte desse processo.

O período de elaboração da Constituição Federal de 1988 foi um dos momentos de maior riqueza e pluralidade de debates já vivenciados no Congresso Nacional, com a participação de centenas de grupos de interesses, de organizações do campo e das cidades, de lideranças e movimentos sociais, sindicatos, entidades de classe, setores público e privado, igrejas, povos e comunidades tradicionais. Também se representaram minorias, antes totalmente excluídas da sociedade, como povos indígenas, comunidades tradicionais, portadores de doenças como hanseníase e tuberculose, pessoas portadoras de deficiência, profissionais do sexo, entre outros segmentos relevantes da sociedade brasileira. Todas as lideranças desses grupos influenciaram fortemente o texto da Constituição Federal aprovada em 1988 e que se constitui na Carta Magna do Brasil de hoje.

A Constituição Federal de 1988 é um dos mais importantes frutos dessa luta e o seu texto reflete a importância central dada à democracia e à participação social naquele cenário político. Exemplos disso são os diversos dispositivos constitucionais de canais institucionais de participação social, que recomendam a realização de referendos, plebiscitos, iniciativas populares de leis e audiências públicas. Nessa mesma direção, instituíram-se, posteriormente, o orçamento participativo e os conselhos de políticas públicas em diversas áreas de governo.

Este breve histórico da luta social pela democracia brasileira (ainda hoje em construção progressiva) nos relembra que, se hoje vivemos em uma sociedade mais democrática, temos liberdade de voto, de expressão, de organização e de participação pública, isso se deve à luta política e à participação social de muitos que deram até suas vidas a esta causa. Deve servir, também para nos lembrar de que a sociedade mobilizada, politizada, apoderada e organizada é capaz de mudar sua realidade.

"Desde sua redemocratização, o Brasil inovou de maneira extraordinária no campo da segurança alimentar e nutricional expressando a intensa dinâmica social que estava, e ainda está, por trás de sua construção. Atualmente o país dispõe de política pública voltada para assegurar o direito humano à alimentação adequada. Tal política se ancora num sistema público que envolve atores governamentais e não governamentais. Ainda que os desafios sejam gigantescos, pois estamos longe de termos resolvidos nossos problemas, avanços significativos foram alcançados e essa experiência precisa ser partilhada com outros países".

Nathalie Beghin, economista, coordenadora política do INESC e conselheira da sociedade civil no CONSEA Nacional

As contribuições do setor Saúde e de outros campos sociais

A expressiva mobilização popular no campo da saúde pública organizada pelo movimento da "Reforma Sanitária"[1] para a criação do Sistema Único de Saúde (SUS) teve papel decisivo na concepção do SISAN que temos hoje, embora os dois sistemas tenham cumprido trajetórias políticas e sociais bastante distintas. A 8ª Conferência Nacional de Saúde realizada em 1986, além de construir o corpo doutrinário e as propostas práticas, contribuiu para a constituição dos elementos centrais do novo sistema de saúde a ser criado (BRASIL, 2006). O relatório final da 8ª Conferência destaca os principais elementos constitutivos que o projeto da Reforma Sanitária propunha: a) a ampliação do conceito de saúde; b) o reconhecimento da saúde com um direito e obrigação do Estado; c) a criação do SUS; d) permitir a participação e o controle social no interior e na gestão do sistema e e) constituição e ampliação do orçamento das políticas sociais, em que se incluía a Política de Saúde (PAIM, 2008). A formulação que veio a ser constituída para o campo da segurança alimentar e nutricional, vinte anos depois (2006, ano da aprovação da LOSAN), foi muito semelhante.

No contexto da 8ª Conferência Nacional de Saúde, em 1986, foi realizada a I Conferência Nacional de Alimentação e Nutrição, cujo relatório final já propunha a formulação de uma Política Nacional de Alimentação e Nutrição (PNAN), de um Sistema Nacional de Segurança Alimentar e Nutricional e a criação de um Conselho Nacional de Alimentação e Nutrição. Observa-se que, naquela época, o setor saúde

---

[1] "A Reforma Sanitária brasileira nasceu na luta contra a ditadura, com o tema Saúde e Democracia, e estruturou-se nas universidades, no movimento sindical, em experiências regionais de organização de serviços. Esse movimento social consolidou-se na 8ª Conferência Nacional de Saúde, em 1986, na qual, pela primeira vez, mais de cinco mil representantes de todos os seguimentos da sociedade civil discutiram um novo modelo de saúde para o Brasil. O resultado foi garantir na Constituição, por meio de emenda popular, que a saúde é um direito do cidadão e um dever do Estado." Sérgio Arouca, 1998. Disponível em: http://bvsarouca.icict.fiocruz.br/sanitarista05.html; acesso em 31/05/2012.

liderava as discussões e a coordenação das políticas públicas de combate a fome, desde a ótica dos seus desfechos perversos (subnutrição) na saúde coletiva (LEÃO; CASTRO, 2007). Verifica-se que, no relatório final da mencionada I Conferência, os debates participativos já tratavam da "alimentação como um direito", já se esboçava o conceito de "segurança alimentar e nutricional" e se propunha a criação de um "Sistema Nacional de Segurança Alimentar e Nutricional".

Diversos outros documentos elaborados a partir da década de 1980 convergiram para as propostas que foram aprovadas na II Conferência Nacional de Segurança Alimentar e Nutricional (2004). Mencione-se a proposta de uma Política Nacional de Segurança Alimentar (1985) no âmbito do Ministério da Agricultura, o documento do Governo Paralelo (1991) mencionado adiante e o Relatório Nacional Brasileiro para a Cúpula Mundial da Alimentação (1996) elaborado pelo governo brasileiro com a participação da sociedade civil. A mobilização social no entorno dessa Cúpula foi a semente da qual nasceu, em 1998, o Fórum Brasileiro de Soberania e Segurança Alimentar e Nutricional (FBSSAN), que articula entidades, movimentos sociais, pessoas e instituições que militam no campo da soberania e segurança alimentar e nutricional. O tema ganhou decisiva visibilidade quando foi incorporado pelo Movimento pela Ética na Política em ampla mobilização nacional denominada de "Ação da Cidadania contra a Fome e pela Vida" (MENEZES, 2010).

Essas contribuições resultaram na adoção dos seguintes pressupostos para a criação do SISAN: a) formulação de um conceito de "segurança alimentar e nutricional" abrangente e específico para a realidade brasileira; b) reconhecimento da alimentação como um direito humano e, portanto, uma obrigação do Estado; c) criação de um sistema público de segurança alimentar e nutricional (SISAN); d) participação e controle social no interior e na gestão deste sistema e e) constituição de um orçamento específico para a gestão do sistema, ampliando o financiamento das políticas públicas de segurança alimentar e nutricional.

A contribuição da sociedade civil e as origens do Fome Zero

No início da década de 1990, após a derrota dos partidos de esquerda na eleição de 1989, um grupo de militantes organizou o chamado "Governo Paralelo", coordenado pelo futuro presidente Lula, que tinha como objetivos monitorar as ações do governo então eleito e apresentar propostas alternativas julgadas mais adequadas ao projeto de reconstrução da nação brasileira. Entre elas, destacou-se a proposta de uma Política Nacional de Segurança Alimentar para o Brasil, apresentada para a sociedade em 1991, com o objetivo de "garantir a segurança alimentar, assegurando que todos os brasileiros tenham, em todo momento, acesso aos alimentos básicos de que necessitam". Este documento também fazia referência à criação de um Conselho Nacional de Segurança Alimentar e Nutricional, tendo servido de base para a primeira e breve experiência de um CONSEA que funcionou entre 1993 e 1994, sendo composto, à época, por 10 Ministros de Estado e 21 representantes da sociedade civil designados pelo Presidente da República a partir de indicações do Movimento pela Ética na Política. Sua presidência era exercida pela sociedade civil e a secretaria executiva das ações de governo localizava-se no Instituto de Pesquisas Sociais Aplicadas (IPEA) (SILVA; SILVA, 1991).

Posteriormente, iniciativa semelhante coube ao Instituto Cidadania, organização não governamental que, frente ao agravamento da situação de pobreza e vulnerabilidade social aprofundada pela crise econômica e aumento do desemprego no final dos anos 1990, apresentou uma nova proposta de política nacional de segurança alimentar contando com contribuições de centenas de especialistas e militantes da sociedade civil. O documento elaborado foi intitulado de Projeto Fome Zero, vindo a converter-se no programa de governo de mesmo nome implementado desde os primeiros dias do Governo Lula, a partir de 2003 (TAKAGI, 2010).

O Projeto Fome Zero partiu da constatação de que o país tinha até então um

contingente de 44 milhões de brasileiros (28% da população) vulnerável à fome
e que ainda não tinha uma política pública de segurança alimentar e nutricional
(TAKAGI, 2010). Considerava ainda que a fome que assolava essa parcela da
população estava muito mais relacionada à falta de acesso à alimentação por
insuficiência de renda do que à indisponibilidade de alimentos, uma vez que o país
já produzia muito acima das necessidades de consumo alimentar *per capita* da sua
população.

Todas essas propostas foram intensamente debatidas durante toda a década
de 1990 e início dos anos 2000, sendo, efetivamente, retomadas em 2003, após
o lançamento do Fome Zero, estratégia do Governo Lula para o combate à fome.
Na mesma oportunidade foi recriado o CONSEA. A II Conferência Nacional
de Segurança Alimentar e Nutricional, realizada em Olinda (PE), em 2004, teve
como lema "Pela construção de uma Política Nacional de Segurança Alimentar e
Nutricional" (MALUF, 2010).

Sem pretender esgotar a riqueza do processo histórico, as figuras 1 e
2 tentam representar as principais concepções sobre a fome e os temas das
quatro Conferências Nacionais de Segurança Alimentar e Nutricional já
realizadas que refletem, principalmente, as reivindicações da sociedade civil,

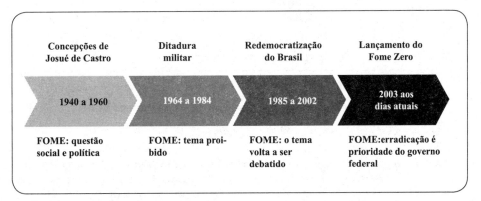

Figura 1 Linha do tempo sobre as diferentes abordagens do combate à fome no Brasil

permitindo uma breve noção do fenômeno sócio-histórico que precede a criação do SISAN, em 2006, com a aprovação da Lei Orgânica de Segurança Alimentar e Nutricional[1].

Figura 2   As Conferências Nacionais de Segurança Alimentar e Nutricional
(1986 a 2011): a construção social do SISAN no Brasil

[1] BRASIL. Lei Orgânica de Segurança Alimentar e Nutricional (LOSAN) Lei nº 11.346, de 15 de setembro de 2006. Cria o Sistema Nacional de Segurança Alimentar e Nutricional – SISAN com vistas em assegurar o direito humano à alimentação adequada e dá outras providências. Disponível em: http://www4.planalto.gov.br/consea/legislacao/lei-no-11-346-de-15-de-setembro-de-2006/view. Acesso em 13 jun.2012.

2

O grande desafio brasileiro:
erradicar a fome e a desigualdade social

Como já mencionado, a sociedade brasileira caracteriza-se por elevada desigualdade social e contingente significativo de pobres vivendo em condições de muita precariedade, entre os quais milhões abaixo da linha da indigência e sem os meios suficientes para sua alimentação. O Brasil sempre foi um exemplo do paradoxo representado pela ocorrência de fome e da desnutrição em escala massiva ao lado de um pujante setor produtor e exportador de alimentos.

Muitos indicadores sociais melhoraram ao longo das últimas décadas, com mais intensidade e consistência desde os primeiros anos da década de 2000. Entre os anos de 2004 a 2009, a parcela da população brasileira vivendo em famílias com renda mensal igual ou maior do que um salário mínimo[1] per capita subiu de 29% para 42%, passando de 51,3 a 77,9 milhões de pessoas (BRASIL/IPEA, 2011). A população nas faixas de renda correspondentes aos extremamente pobres, pobres e vulneráveis decresceu em número absoluto. O estrato com maior redução relativa (44%) foi o dos extremamente pobres, caindo de 15,1% para 8,4% entre os anos de 2004 e 2009. Houve um crescimento real do rendimento médio per capita de 22%

---

[1] Em junho de 2012, o salário mínimo no Brasil correspondia a R$622,00, 0 que equivale a U$ 306,92. Cotação obtida no Banco Central do Brasil, no dia 5/6/2012 Taxa: 2,0266 Real-Brasil = 1 Dólar-dos-EUA

no mesmo período, fenômeno que ocorreu em todas as regiões brasileiras, sendo mais expressivo no Nordeste, região considerada a mais pobre do país. A 1ª Meta de Desenvolvimento do Milênio (ONU) consiste em reduzir até 2015 a extrema pobreza à metade dos índices existentes em 1990. No caso do Brasil, esse objetivo foi alcançado em 2006 (de 22,1% em 1990 para 10,8% em 2006) e, portanto, com quase uma década de antecedência. Contudo, não se pode deixar de apontar que cerca de 8, 4% da população brasileira ainda vivia em situação de extrema pobreza, em 2009 (Gráfico 1)(BRASIL, SAE, 2011).

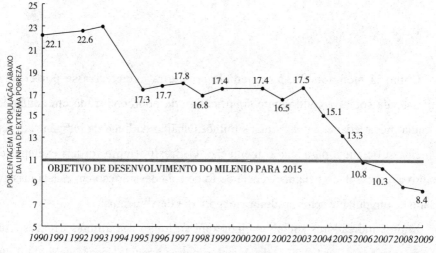

Gráfico 1   Evolução temporal da extrema pobreza: Brasil, 1990 a 2009

Fonte: Estimativas produzidas com base na Pesquisa Nacional por Amostra de Domicílios (Pnad) de 1990 a 2009 disponível em: BRASIL. Presidência da República. Secretaria de Assuntos Estratégicos. Barros, R, Mendonça, Re Tsukada, R. Portas de saída, inclusão produtiva e erradicação da extrema pobreza, no Brasil. Brasília, 2011.

O PROGRAMA BOLSA FAMÍLIA (PBF)

Em grande parte, o acentuado crescimento na renda dos mais pobres é resultado do aperfeiçoamento e da boa focalização dos programas de transferência de renda do Brasil, em particular do Programa Bolsa Família (PBF). O PBF é um programa de transferência direta de renda com condicionalidades, que inclui famílias em situação de extrema pobreza com renda mensal por pessoa de até R$ 70 (US$34,65) e em situação de pobreza com renda mensal por pessoa de R$ 70,01 (US$34,66) até R$ 140 (US$54,48). Os principais marcos legais do programa são: a Lei 10.836, de 9 de janeiro de 2004, e o Decreto nº 5.209, de 17 de setembro de 2004.

O PBF foi criado no contexto da Estratégia Fome Zero que tinha como objetivo assegurar o direito humano à alimentação adequada, promovendo a segurança alimentar e nutricional e contribuindo para a erradicação da extrema pobreza e para a conquista da cidadania pela parcela da população mais vulnerável à fome. Atualmente o PBF integra o Plano Brasil Sem Miséria (BSM), que tem como foco de atuação os 16 milhões de brasileiros com renda familiar per capita inferior a R$ 70 mensais. O Programa atende mais de 13 milhões de famílias em todo o território nacional, sendo o benefício mensal médio de R$ 70 transferido a famílias extremamente pobres. Entre outubro de 2003 e abril de 2012, R$ 93,5 bilhões (cerca de U$46,1) foram transferidos diretamente aos mais pobres da população brasileira.

O Programa pauta-se na articulação de três dimensões essenciais à superação da fome e da pobreza: 1) promoção do alívio imediato da pobreza, por meio da transferência direta de renda à família; 2) reforço ao exercício de direitos sociais básicos nas áreas de Saúde e Educação, por meio do cumprimento das condicionalidades (as famílias devem garantir a frequência escolar e os controles de saúde na rede pública de saúde, enquanto o Estado deve garantir a oferta das políticas públicas), o que contribui para que as famílias consigam romper o ciclo da pobreza entre gerações, e 3) coordenação de programas complementares, que têm por objetivo o desenvolvimento das famílias, de modo

que os titulares do Bolsa Família consigam superar a situação de vulnerabilidade e pobreza. A gestão do Bolsa Família é descentralizada e compartilhada
entre a União, Estados, Distrito Federal e Municípios.

Disponível em: http://www.mds.gov.br/bolsafamilia. Acesso em 25 jul. 2012.

Os avanços podem também ser demonstrados pela evolução de alguns
indicadores sociais: melhorias na escolaridade com aumento do número médio de
anos de estudo da pessoa de referência das famílias, que subiu de 5,2 anos em 1992
para 7,4 anos em 2008; redução da mortalidade infantil que, entre 1990 e 2008,
caiu de 47,1 para 19 óbitos para cada mil nascidos vivos (redução de cerca de 60%
em 18 anos); queda expressiva da desnutrição em crianças menores de cinco anos,
ainda que persistam desigualdades regionais, de raça e étnicas importantes conforme
mostra o Gráfico 2. Considerando estes dados, fica evidente que a completa
erradicação da fome e a melhoria das condições em que vivem determinados
segmentos da população continuam sendo um objetivo a ser conquistado
progressivamente no Brasil (CONSEA, 2010).

"A segurança alimentar depende do compromisso e do esforço dos governos e
todos os povos e nações."

Dourado Tapeba, indígena, conselheiro da sociedade civil no CONSEA Nacional

Um desafio ainda longe da sua solução está relacionado aos povos indígenas,
porque são marginalizados e têm reais dificuldades para acessar políticas públicas
essenciais (acesso a terra e território, saúde, educação, previdência, terra, entre
outras). O I Inquérito Nacional de Saúde e Nutrição dos Povos Indígenas[1] realizado

pela FUNASA (2008-09) teve como objetivo conhecer as condições de saúde e nutrição da população indígena. O estudo evidenciou que 26% das crianças pesquisadas apresentavam déficit de estatura. Na Região Norte do país, onde vivem os maiores contingentes desses povos, 41% das crianças apresentavam o mesmo déficit, condição inaceitável frente a atual situação social e econômica do Brasil. A taxa de mortalidade infantil foi de 44,4 óbitos por mil nascidos vivos, cerca de 2,3 maior que a média nacional para o mesmo ano (BRASIL, MS, 2009).

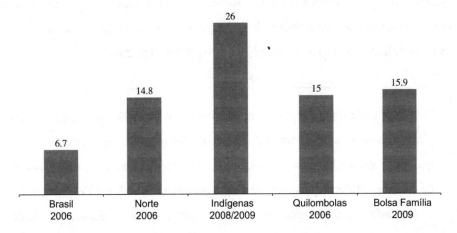

Gráfico 2 Diferenças nas prevalências de déficit de estatura para a idade (%) em crianças menores de 5 anos de idade, segundo situação para a população geral e Região Norte, povos indígenas, quilombolas e titulares do programa Bolsa Família.

Fontes: Pesquisa Nacional de Demografia e Saúde (PNDS) 2006, I Inquérito Nacional de Saúde e Nutrição dos Povos Indígenas 2008-09, Chamada Nutricional de Populações Quilombolas 2006, SISVAN/CGAN/DAB/SAS/Ministério da Saúde, in: CONSEA. A segurança alimentar e nutricional e o direito a alimentação adequada no Brasil. Indicadores e Monitoramento: da constituição de 1988 aos dias atuais. Brasília, 2010.

Outro aspecto da desigualdade a ser considerado é a questão de gênero: as mulheres são as mais afetadas pela pobreza extrema, analfabetismo, falhas do sistema de saúde, conflitos e violência sexual. Em geral, as mulheres recebem salários

---

① Inquérito realizado pela Fundação Nacional de Saúde (FUNASA) / Ministério da Saúde que contou com uma amostra de 6.707 mulheres e 6.285 crianças indígenas, residentes em 113 aldeias indígenas. A pesquisa foi realizada com o suporte do Consórcio ABRASCO (Associação Brasileira de Pós-Graduação em Saúde) & Institute of Ibero-American Studies, Goteborg University, Suécia.

menores pela mesma atividade profissional que os homens, têm presença reduzida nas principais instâncias decisórias, encontram-se em maior número na economia informal, além de enfrentarem dupla jornada de trabalho (pelo trabalho doméstico). As mulheres agricultoras familiares e camponesas, que sabidamente contribuem decisivamente para a produção de alimentos para a população com um todo, têm também o seu trabalho invisibilizado e sofrem forte discriminação quando tentam participar e ter voz ativa no núcleo familiar e na sua comunidade. É reconhecido que entre os pobres, mulheres e crianças rurais são em geral os grupos mais afetados pela desnutrição, devido à distribuição desigual do alimento dentro da família e ao excesso de trabalho (agrícola e doméstico) (SILIPRANDI, 2004).

"Um país onde a população negra está em torno de 48% e as desigualdades giram principalmente em torno dessa população, ora pelo regime escravocrata que foi "abolido" há menos de 135 anos, ora pela ditadura que caiu há menos de 40 anos, é fulcral que quem de direito percebam os reflexos desse regime e somem esforços em torno de políticas públicas, vencendo o grande desafio de erradicar a fome e as desigualdades sociais. A exemplo do CONSEA que é uma valioso espaço democrático de articulação entre sociedade civil e governo, na promoção das populações que estão nesse estágio de alta vulnerabilidade."

Edgard Ap. Moura, pesquisador e membro do movimento social negro, conselheiro da sociedade civil no CONSEA Nacional

3

Uma nova governança para a garantia do direito à alimentação

Em 2003, foi restabelecido o CONSEA, cuja composição conta com representantes governamentais e com participação majoritária da sociedade civil. A partir daí, retomou-se com afinco o debate entre governo e sociedade civil sobre a segurança alimentar e nutricional e a alimentação como um direito humano. A necessidade de avançar na construção institucional que contemplasse o enfoque intersetorial nas ações de governo e o papel atribuído à participação social impulsionaram o processo. A partir de então, foram elaboradas e adotadas as bases legais e institucionais que respeitam, protegem, promovem e proveem o direito humano à alimentação adequada.

A LOSAN, aprovada em 2006, é o principal instrumento que legisla sobre o tema no país e define a criação do SISAN com vistas a assegurar o direito humano a alimentação adequada. Ela é a carta que mostra os caminhos que a nação deve seguir no campo da segurança alimentar e nutricional, ao estabelecer os princípios do sistema: universalidade, equidade, autonomia, participação social e transparência.

Art. 8° da LOSAN. O SISAN reger-se-á pelos seguintes princípios:

I- universalidade e equidade no acesso à alimentação adequada, sem qualquer espécie de discriminação;

II- preservação da autonomia e respeito à dignidade das pessoas;

III- participação social na formulação, execução, acompanhamento, monitoramento e controle das políticas e dos planos de segurança alimentar e nutricional, em todas as esferas de governo; e

IV- transparência dos programas, das ações e dos recursos públicos e privados e dos critérios para sua concessão.

A LOSAN recomendou a elaboração de uma Política (PNSAN) e de um Plano Nacional de Segurança Alimentar e Nutricional (PLANSAN). A Política é a expressão mais prática e operacional das diretrizes emanadas pela LOSAN, uma vez que apresenta os procedimentos para sua gestão, mecanismos de financiamento, monitoramento e avaliação da ação do Estado. Já o Plano de Segurança Alimentar

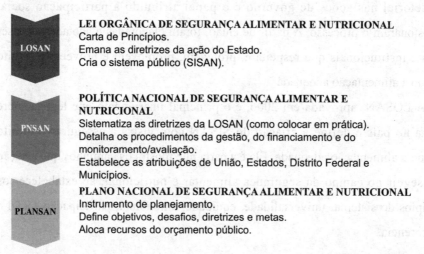

LOSAN

LEI ORGÂNICA DE SEGURANÇA ALIMENTAR E NUTRICIONAL
Carta de Princípios.
Emana as diretrizes da ação do Estado.
Cria o sistema público (SISAN).

PNSAN

POLÍTICA NACIONAL DE SEGURANÇA ALIMENTAR E NUTRICIONAL
Sistematiza as diretrizes da LOSAN (como colocar em prática).
Detalha os procedimentos da gestão, do financiamento e do monitoramento/avaliação.
Estabelece as atribuições de União, Estados, Distrito Federal e Municípios.

PLANSAN

PLANO NACIONAL DE SEGURANÇA ALIMENTAR E NUTRICIONAL
Instrumento de planejamento.
Define objetivos, desafios, diretrizes e metas.
Aloca recursos do orçamento público.

Figura 3   Instrumentos legais para o direito humano à alimentação adequada

e Nutricional é a peça do planejamento da ação do Estado, que contém programas e ações a serem implementadas, bem como as metas quantificadas e o tempo necessário para sua realização. O Plano dialoga ainda com o orçamento público, pois nele está definido o quanto e como se pretende aplicar os recursos.

O que é o Sistema Nacional de Segurança Alimentar e Nutricional (SISAN)?

O SISAN é o sistema público que reúne os diversos setores de governo para a coordenação das políticas que têm o objetivo comum de promover a segurança alimentar e nutricional e o acesso digno à alimentação a toda a população. O Brasil tem trilhado o caminho de gerenciar políticas públicas a partir do enfoque de sistemas integrados e articulados para garantir os direitos humanos, sempre contemplando a participação social na formulação, implementação e controle das ações públicas.

Art. 9º da LOSAN. O SISAN tem como base as seguintes diretrizes:

I–promoção da intersetorialidade das políticas, programas e ações governamentais e não-governamentais;

II–descentralização das ações e articulação, em regime de colaboração, entre as esferas de governo;

III–monitoramento da situação alimentar e nutricional, visando a subsidiar o ciclo de gestão das políticas para a área nas diferentes esferas de governo;

IV–conjugação de medidas diretas e imediatas de garantia de acesso à alimentação adequada, com ações que ampliem a capacidade de subsistência autônoma da população;

V–articulação entre orçamento e gestão; e

VI–estímulo ao desenvolvimento de pesquisas e à capacitação de recursos humanos.

São instâncias de gestão do SISAN:

• A Conferência Nacional de Segurança Alimentar e Nutricional – instância que se reúne a cada quatro anos para indicar ao CONSEA as diretrizes e prioridades da Política e do Plano Nacional de SAN, bem como para avaliar o SISAN;

• O CONSEA-órgão de assessoramento imediato do Presidente da República;

• A Câmara Interministerial de Segurança Alimentar e Nutricional (CAISAN)-integrada por Ministros de Estado e Secretários Especiais responsáveis pelas pastas afetas à consecução da SAN

• Os órgãos e entidades de Segurança Alimentar e Nutricional da União, Estados, Distrito Federal e Municípios e

• Instituições privadas, com ou sem fins lucrativos, que manifestem interesse na adesão e que respeitem os critérios, princípios e diretrizes do SISAN.

INSTÂNCIAS MÁXIMAS DA GESTÃO DO SISAN NA ESFERA FEDERAL

CONFERÊNCIA NACIONAL DE SEGURANÇA ALIMENTAR E NUTRICIONAL

Aprova as diretrizes e prioridades para a Política e o Plano de SAN.

Participantes: 2/3 dos participantes são representantes da sociedade civil e 1/3 do Governo. Todas as 27 unidades federadas são representadas.

CONSEA

Propõe, considerando deliberações da Conferência, as diretrizes, as prioridades e indica o orçamento necessário à Política e ao Plano de SAN.

Membros: 2/3 dos conselheiros são representantes da sociedade civil e 1/3 do Governo.

CAISAN

Elabora, a partir das diretrizes emanadas pelo CONSEA, a Política e o Plano de SAN, indicando: diretrizes, metas, fontes de recursos e instrumentos de acompanhamento, monitoramento e avaliação.

Como se dá a inter-relação entre a Política (PNSAN), o Plano (PLANSAN) e o Sistema (SISAN)?

O Sistema, a Política e o Plano são como peças de uma mesma engrenagem que juntas procuram dar sentido concreto aos princípios da Constituição Federal e da LOSAN, no que se refere à realização do direito humano à alimentação adequada. O sistema é o elemento estruturante da composição, propiciando a articulação entre os setores nas instâncias respectivas e a relação entre as esferas federal, estadual, distrital e municipal. O sistema ganha corpo com as políticas públicas de segurança alimentar e nutricional, elementos basilares de sua estrutura que vêm a ser o aspecto mais relevante, pois tratam da ação pública chegando, de fato, até a comunidade, saindo dos gabinetes da burocracia estatal para mudar a vida dos titulares de direito.

Considerando a complexidade e a diversidade das políticas públicas de segurança alimentar e nutricional, fica evidente quão importante é a abordagem sistêmica, uma vez que ela permite mais racionalidade, visão integrada dos problemas da população, economicidade na medida em que evita a superposição de programas e facilita a convergência das ações do diferentes setores, entre outros aspectos positivos.

A Política e o Plano de segurança alimentar e nutricional são elementos que tornam realidade a ação organizada do sistema: permitem a compreensão mais exata do que será feito, como será feito, quem são os atores públicos responsáveis e quais são as suas obrigações, quem são os atores sociais (titulares de direito das políticas), quando será feito e com que recursos humanos, materiais e financeiros.

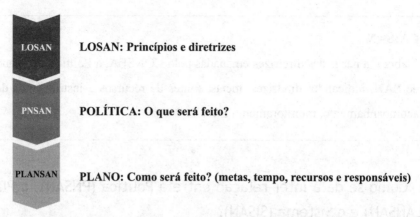

LOSAN: Princípios e diretrizes

POLÍTICA: O que será feito?

PLANO: Como será feito? (metas, tempo, recursos e responsáveis)

Figura 4   Inter-relação entre a Política, o Plano e o Sistema

Foi um fato importante no marco legal do SISAN a aprovação da Emenda Constitucional nº 64 pelo Congresso Nacional, em 2010, ao incluir a alimentação entre os direitos sociais de todo brasileiro, ao lado da educação, da saúde, do trabalho, da moradia, entre outros. A alimentação como um direito constitucional exige do Estado a revisão de suas ações relacionadas à segurança alimentar e nutricional e políticas de seguridade social e a forma como são desenvolvidas.

A alimentação, como um direito constitucional, exige uma abordagem que reafirme o direito de cada pessoa de ser "titular" – e não simplesmente "beneficiário" – de políticas públicas voltadas para o alcance da segurança alimentar e nutricional. Ou seja, as pessoas que têm, por qualquer motivo, dificuldade de acesso ao alimento adequado têm agora direitos garantidos na Constituição Federal, e o governo pode ser responsabilizado se esse direito não for atendido (ABRANDH, 2012).

Marco regulatório do Direito Humano à Alimentação Adequada (DHAA) no Brasil

É apresentado na figura 6 o conjunto de instrumentos legais que compõe o marco regulatório do direito humano à alimentação adequada no Brasil. A participação social, tanto na formulação quanto no controle social das diversas

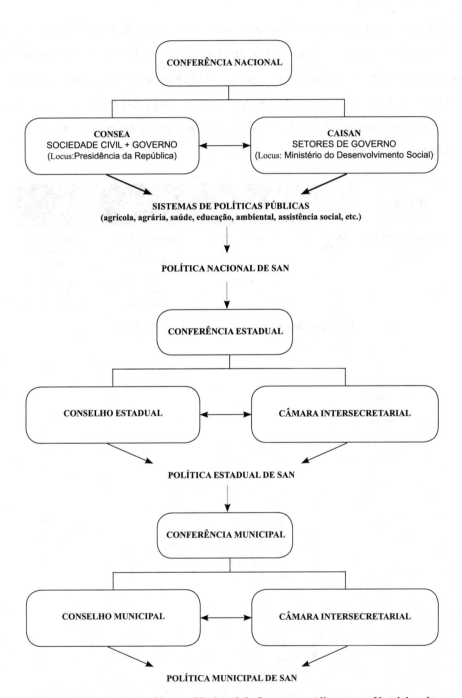

Figura 5 Estrutura do Sistema Nacional de Segurança Alimentar e Nutricional

iniciativas, é uma característica importante do processo de elaboração das políticas
públicas de segurança alimentar e nutricional no Brasil e tem-se concretizado
pelo exercício da democracia participativa das Conferências Nacionais, Estaduais
e Municipais e por meio dos Conselhos de Segurança Alimentar e Nutricional
existentes nas esferas federal, estaduais e já presentes em muitos municípios.
(ABRANDH, 2010).

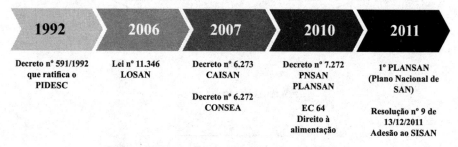

Figura 6   Marco regulatório do DHAA no Brasil

O que é e como funciona o CONSEA: como se dá a participação social

O CONSEA é composto por uma plenária (conselheiros e conselheiras), um presidente, um secretário-geral, um secretário executivo, comissões temáticas permanentes e grupos de trabalho. A plenária constitui a instância deliberativa máxima do conselho, sendo composta por todos os membros do conselho, titulares ou suplentes, representantes da sociedade civil e do governo, conforme proporção explicada adiante. O pleno é reunido em sessões ordinárias a cada bimestre e extraordinárias, quando necessário. Cada membro no exercício da titularidade tem direito a voz e a um voto no conselho, enquanto os suplentes e convidados/observadores têm direito apenas à voz. (Ver quadro no Anexo – Composição do CONSEA Nacional, segundo segmentos sociais e entidades representantes, membros do governo e entidades observadoras – Mandato 2012-2013).

Esse é um importante exercício de democracia participativa que pressupõe a participação social na construção das políticas públicas do país. Nela se verifica um processo de aprendizagem que requer o aprimoramento da capacidade propositiva das representações da sociedade civil que participam de conselhos e conferências. Exige, também, dos representantes de governos a disposição para que suas ações sejam apresentadas e avaliadas em espaços públicos institucionalizados de participação social como os conselhos de políticas públicas. Os conselhos dão visibilidade aos distintos setores sociais, possibilitam a emergência de diferentes visões e interesses e também salientam os conflitos existentes, divergências polarizadas não apenas entre governo e sociedade, mas também em seu interior.

O CONSEA tem especificidades na sua constituição e atuação. A primeira delas deriva do enfoque intersetorial da segurança alimentar e nutricional que requer uma localização institucional do conselho que favoreça a interlocução entre os diversos setores de governo, bem como uma representação igualmente diversa dos setores sociais. Essa compreensão levou à localização do CONSEA na Presidência da República que, ademais, expressa a prioridade política conferida ao enfrentamento da fome e à promoção da segurança alimentar e nutricional. Nessa mesma direção segue a proposição de situar os CONSEAs estaduais e municipais junto ao gabinete do chefe do Executivo da esfera de governo respectiva (Governador de Estado ou Prefeito Municipal).

Outra peculiaridade é a adoção de um critério de representação que busca compensar a desigual relação entre o estado e as organizações da sociedade civil, de modo que o CONSEA Nacional é composto por uma maioria de dois terços de seus membros representando a sociedade civil e um terço, os diversos setores de governo. Hoje, integram o CONSEA dezenove Ministros de Estado e trinta e oito representantes da sociedade civil, aos quais se junta uma dezena de observadores representando organismos internacionais e outros conselhos nacionais. Igualmente importante para a autonomia do Conselho, o Presidente (ou Presidenta) do CONSEA é escolhido entre os representantes da sociedade civil, ficando a Secretaria Geral a cargo do Ministério que concentra o maior número de ações relacionadas com a segurança alimentar e nutricional, a saber, o Ministério de Desenvolvimento Social e Combate à Fome. Essa composição vem sendo adaptada aos Conseas estaduais e municipais. O CONSEA conta também com organizações observadoras, que têm direito a voz e participação nos debates[1]. A composição completa do Conselho encontra-se no Anexo.

O CONSEA tem o estatuto de conselho de assessoramento do/a Presidente/a da República, de modo que suas deliberações têm caráter propositivo, isto é, elas não são mandatórias ao Executivo. Essa delicada questão por vezes é alvo de controvérsia, cabendo explorar alguns dos aspectos envolvidos pelo que eles nos ensinam sobre os desafios colocados para a participação social em políticas públicas. No caso das políticas de segurança alimentar e nutricional, pode-se argumentar que o estatuto de conselho consultivo se deve à pretensão do exercício da intersetorialidade na formulação e implementação dos programas correspondentes. Desse modo, a aparente limitação do caráter consultivo abre a possibilidade de apresentar proposições, emanadas desde a Presidência da República, para as mais distintas áreas de governo que contam, quase todas, com seus próprios dispositivos de participação social.

O êxito em fazer valer a perspectiva intersetorial da segurança alimentar e nutricional possibilitou a incorporação, no CONSEA, de parcela significativa dos setores de governo representados por seus respectivos Ministérios. Mais do que o número de Ministérios, uma política nacional de segurança alimentar e nutricional engloba parte considerável dos programas e ações de um governo os quais, por sua vez, possuem seus próprios espaços de deliberação, quase sempre com participação social na forma de conselhos setoriais de políticas públicas. Torná-las mandatórias implicaria atribuir às deliberações do CONSEA precedência questionável sobre outros espaços de deliberação igualmente legítimos, inclusive, alguns deles com mais experiência e maturidade institucional.

Nesse marco institucional, a efetividade das proposições formuladas pelo CONSEA depende não apenas da consistência e fundamentação dos seus conteúdos,

---

[1] A Oxfam é uma das organizações observadoras do CONSEA.

mas sobretudo de fatores localizados no campo da política, como a estreita relação com os anseios da sociedade e a busca de coordenação com os demais espaços de participação social. Os avanços na delimitação e nos dispositivos de funcionamento de um sistema intersetorial de segurança alimentar e nutricional têm que ser construídos num complexo processo de diálogo e negociação entre as instâncias dos distintos setores de governo envolvidos, bem como buscando o envolvimento das organizações e redes sociais de diversos campos.

A capacidade do CONSEA de incidir sobre as políticas públicas não é exclusivamente determinada por sua natureza de conselho consultivo. De fato, o conteúdo, base social e força política de suas resoluções é que definem se estas se imporão. Para tanto, as posições defendidas pelo conselho devem ter respaldo significativo na sociedade, pois a existência de conselhos não exclui a mobilização social. Ao contrário, a experiência brasileira mostra que a eficácia dos CONSEAs – de fato, dos conselhos de políticas públicas em geral – é maior quando há organização autônoma da sociedade civil que deles participa e capacidade de pressão das redes e movimentos sociais. Ao mesmo tempo, o conselho deve possuir capacidade apurada de negociação, de forma a chegar a propostas possíveis de serem aprovadas e aplicadas.

O CONSEA, desde 2003, logrou uma série de êxitos, tendo sido o espaço onde foi construído o Programa de Aquisição de Alimentos da Agricultura Familiar (PAA) e lançada a proposta de elaboração de um Plano de Safra específico para a agricultura familiar. O conselho instituiu um grupo de trabalho constituído por sociedade civil e governo para elaborar a proposta da Lei Orgânica de Segurança Alimentar e Nutricional, cujo texto contemplou todos os conceitos, os princípios e a ótica dos direitos humanos por anos defendidos pela sociedade civil organizada no campo da segurança alimentar e nutricional.

A atuação do conselho, negociando diretamente com o Presidente da República, foi decisiva para iniciar a recuperação do valor per capita da alimentação escolar do Programa Nacional de Alimentação Escolar (PNAE), assim como teve importante participação na elaboração da proposta de uma nova e avançada legislação para esse programa. Foram, também, aprofundadas propostas para o aperfeiçoamento do Programa Bolsa Família (transferência de renda condicionada). O conselho esteve no centro das iniciativas que resultaram na elaboração do primeiro Plano Nacional de Segurança Alimentar e Nutricional, ora em fase inicial de implementação. Ao mesmo tempo, houve propostas que não se efetivaram, seja por representarem um confronto importante com dinâmicas hegemônicas, como na recomendação de maiores precauções com a produção e comercialização de alimentos transgênicos, seja por não encontrarem respaldo suficiente no interior do governo federal, como no caso da implementação de uma política nacional de abastecimento consistente com as premissas da segurança alimentar e nutricional.

Em suma, a segurança alimentar e nutricional encontrou uma plataforma política que possibilitou à sociedade civil e ao governo federal espaços de diálogo e encontros que deram visibilidade ao tema e às distintas visões a respeito, contribuindo na elaboração das políticas públicas. Coube ao CONSEA liderar a retomada da mobilização e a construção de uma agenda pública da segurança alimentar e nutricional no Brasil, tarefa favorecida pela visibilidade conferida ao tema pelo governo federal com os correspondentes programas adotados nessa área, cuja formulação e implementação constituem o centro da agenda de trabalho do conselho.

Os espaços híbridos de encontro entre o Estado e a sociedade civil, como é o caso do CONSEA, não são exatamente espaços de parceria, pois muitas vezes envolvem tensões e conflitos, com a consequente busca dos consensos possíveis. O conselho se ressente, também, da baixa participação da iniciativa privada e, inclusive, de alguns movimentos sociais, mas nem por isso deixa de ser um espaço que adquiriu reconhecimento crescente no país. Está colocado, também, frente ao permanente desafio de aperfeiçoar os procedimentos de consulta e indicação dos representantes da sociedade civil visando a conferir maior legitimidade social e diversidade em termos das várias dimensões da segurança alimentar e nutricional, dos setores sociais e regiões do país.

> "O Consea é o resultado de uma manifesta vontade política por ouvir as demandas da sociedade. É a expressão dos ecos da cidadania das vozes do campo, da floresta, da cidade. É um espaço de exercício da democracia, da concertação entre governo e sociedade, de manifestação crítica, de elaboração de propostas e monitoramento das políticas de segurança alimentar e nutricional, em suas várias dimensões sintetizadas no princípio da intersetorialidade."
>
> **Maria Emília Pacheco Lisboa** (FASE, Presidenta do CONSEA)

Como trabalha o CONSEA

Os debates e as formulações são feitas antes da plenária pelas comissões permanentes que preparam propostas para serem apreciadas pelo pleno. Existem também os grupos de trabalho – de caráter temporário – que estudam e propõem medidas específicas. As comissões e os grupos de trabalho são compostos por um coordenador, conselheiro representante da sociedade civil, escolhido pelos membros da mesma comissão e secretariado por um técnico vinculado a órgão do governo. As comissões podem ter a presença de técnicos governamentais e representantes de entidades convidados, especialistas no tema em discussão.

As atuais comissões permanentes que funcionarão no mandato 2012 a 2013 são as seguintes:

• **Comissão Permanente 1:** Sistema e Política Nacional de Segurança Alimentar e Nutricional, em que se insere o Grupo de Trabalho Indicadores e

Monitoramento da realização do DHAA.

• **Comissão Permanente 2:** Macrodesafios Nacionais e Internacionais, em que se inserem os Grupos de Trabalho Agenda Internacional e de Gênero e Segurança Alimentar e Nutricional.

• **Comissão Permanente 3:** Produção, Abastecimento e Alimentação Adequada e Saudável, em que se insere o Grupo de Trabalho Abastecimento.

• **Comissão Permanente 4:** Direito humano à alimentação adequada.

• **Comissão Permanente 5:** Segurança Alimentar e Nutricional das populações negras e povos e comunidades tradicionais.

• **Comissão Permanente 6:** Segurança Alimentar e Nutricional dos povos indígenas.

• **Comissão Permanente 7:** Consumo, Nutrição e Educação.

Além dessas, o CONSEA conta com uma Comissão Permanente de Presidentes de Conseas Estaduais (CPCE), elo fundamental entre a esfera nacional e as esferas estadual e, por meio dela, municipal do SISAN.

A definição das Comissões Permanentes constitui um exercício periódico de aperfeiçoamento da estrutura do Conselho visando criar espaços de discussão em que as questões possam ser aprofundadas e receber tratamento específico, porém, sem setorializar a abordagem. Desse modo, as proposições do Conselho, além de

Figura 7 Estrutura do CONSEA

refletirem o enfoque intersetorial, respondem aos desafios e prioridades da Política e do Plano Nacional de SAN.

Instrumentos de intervenção nas políticas públicas

Conforme a Resolução Interna[1] aprovada pelo CONSEA, as decisões colegiadas do conselho, necessariamente aprovadas pelo pleno, podem ser expressas nos seguintes instrumentos:

Resolução: Quando se tratar de deliberação sobre diretrizes, políticas, planos de ação, projetos e Regimento Interno do CONSEA e ainda sobre estratégias de articulação e mobilização dos conselhos regionais, estaduais e municipais e sociedade civil organizada, no âmbito da Política Nacional de Segurança Alimentar e Nutricional. Todas as resoluções aprovadas pelo pleno são publicadas em Diário Oficial da União.

Recomendação: Quando se tratar de proposição relativa à legislação ou iniciativas legislativas e às diretrizes, programas, projetos e ações do governo federal, empresas, universidades, entidades e ONGs voltadas à segurança alimentar e nutricional.

Exposição de motivo (EM): Instrumento de comunicação direta com o(a) Presidente(a) da República, onde são feitas as manifestações, críticas, reconhecimentos em relação a fato determinado, explicitando sempre propostas concretas sugeridas pelo CONSEA. Este é o principal instrumento que concretiza a missão do conselho de assessorar a Presidência da República.

O papel dos conselheiros e conselheiras do CONSEA

O debate sobre temas polêmicos, com a perspectiva de desenvolver estratégias para enfrentá-los é sempre muito enriquecedor para quem participa. Exercer a

---

[1] Resolução nº 3, de 7 de junho de 2005. Disponível em: http://www4.planalto.gov.br/consea/legislacao/resolucao-no-3-de-07-de-junho-de-2005/view. Acesso feito em 27 jul. 2012.

democracia participativa é acima de tudo fazer negociações de parte a parte, e é isso que se espera dos conselheiros de um conselho público. A causa comum de todos os conselheiros e conselheiras é a visão de que a fome e a pobreza são as maiores causas das violações dos direitos humanos e que garantir um ambiente político, social e econômico estável e propício para a implementação das melhores estratégias para erradicar a fome e a pobreza, baseado na participação social ativa e informada dos titulares de direito e responsabilização dos portadores de obrigações, é a medida mais eficaz para a plena realização do direito humano à alimentação no Brasil.

Para uma atuação ativa e informada nos conselhos públicos é recomendável:

• **Conhecer em detalhes a realidade da sua comunidade:** Para isso, buscar dados, estudos e indicadores que comprovem as violações de direitos (diagnóstico da situação). Conhecer e articular com organizações e movimentos sociais.

• **Identificar quais são os grupos vulneráveis:** Buscar saber quem são os segmentos sociais mais vulneráveis, quais são os bairros e comunidades que mais sofrem violações dos seus direitos. Estas pessoas precisam ter prioridade sobre todos os demais membros da sociedade. Como sabemos, os direitos humanos são universais, mas, em situação de calamidade e de extrema pobreza, as políticas públicas e os serviços precisam chegar primeiro a essas pessoas (por exemplo, crianças, gestantes e idosos).

• **Conhecer quais são as políticas públicas que devem chegar a sua comunidade:** O primeiro aspecto é saber quem são os titulares de direitos das políticas públicas. Os gestores têm a obrigação de fornecer dados atualizados sobre as políticas públicas, o que inclui relatórios sobre o cumprimento de metas, das cotas e critérios de atendimento. A internet pode ser uma forte aliada desse processo de informação. A transparência pública é um direito da sociedade e regulada no

---

① Mais informações sobre a lei de acesso à informação disponível (em português) em: http://www. acessoainformacao.gov.br/acessoainformacaogov. Acesso em 27 jul. 2012.

Brasil pela lei de acesso à informação[1].

• **Ampliar a capacitação e a informação sobre o Orçamento Público:** Para incidir e apresentar propostas efetivas é preciso conhecer o orçamento público. Deve-se buscar informações junto a entidades ou servidores que trabalham com esse tema. Importante lembrar que o orçamento público sempre deve ser autorizado pelo Poder Legislativo que é quem aprova, na forma de uma lei, com que e como se pode gastar o dinheiro público. Para incidir é preciso observar os prazos para elaboração e votação.

• **Cobrar do Estado o investimento permanente no desenvolvimento de capacidades de seus gestores** e das condições de trabalho para que os mesmos possam desenvolver suas obrigações e responsabilidades. Cobrar para que os(as) conselheiros(as) governamentais participem ativamente das atividades do conselho.

• **Estar atento para os problemas conjunturais e urgentes de sua comunidade:** Em alguns momentos, podem surgir situações críticas em algumas comunidades, como enchentes, catástrofes naturais, violência urbana, conflitos agrários, dentre outros que requerem atuação imediata do poder público. O CONSEA pode ser uma das instâncias a fazer pressão para que medidas imediatas sejam tomadas para preservar o direito à vida das pessoas envolvidas.

• **Monitorar os processos de adesão e implementação do SISAN na sua localidade:** É necessário conhecer toda a legislação relativa a este sistema, se apoderar-se de todos os dispositivos legais é uma atribuição necessária para que essas "leis" se tornem realidade.

• **Valorizar novas formas e linguagens de participação social,** como os símbolos das diferentes culturas e etnias, a arte e a música. Considerar as enormes potencialidades da participação social por meio das novas mídias sociais. Estas linguagens podem contribuir muito com os processos de mobilização social e de diálogo entre o poder público e a sociedade.

Desigualdade de gênero e segurança alimentar e nutricional

Vimos que as mulheres, e com elas as crianças, são as mais afetadas pelas condições de vulnerabilidade social, cabendo uma referência especial a como essa questão tem entrado na agenda do movimento social pela segurança alimentar e nutricional no Brasil. O amplo reconhecimento da desigualdade de gênero não leva, por si só, à efetivação de iniciativas para superá-la. A incorporação dos direitos das mulheres nos programas públicos, como também na agenda dos movimentos sociais, requer esforços e pressão permanentes para criar referências conceituais e instrumentos adequados. Essas referências e instrumentos cobrem vasto campo, incluindo o reconhecimento da responsabilidade e dos vários papéis das mulheres no campo da alimentação, sem desconhecer que as questões da alimentação devem ser preocupação de toda a sociedade, até sua participação na tomada de decisões como sujeitos das políticas e indivíduos portadores de direitos (SILIPRANDI, 2008).

As questões de gênero passaram a merecer atenção já nos primeiros momentos da recriação do CONSEA, em 2003, e na II e III Conferências Nacionais de Segurança Alimentar e Nutricional que se seguiram, em 2004 e 2007. As questões de gênero foram incorporadas na forma de critérios de representação no Conselho e nas Conferências e de proposições de ações especiais em programas públicos, como nos casos da titularidade pelas mulheres do cartão do Bolsa Família e de uma linha de crédito específica no Programa Nacional de Fortalecimento da Agricultura Familiar (PRONAF).

Um dos primeiros e mais significativos frutos dessa iniciativa foi a inclusão, entre os produtos da IV Conferência Nacional de Segurança Alimentar e Nutricional (2011), da Carta Política do Seminário "Mulheres construindo a soberania e a segurança alimentar e nutricional". A íntegra desse documento se encontra no relatório final da IV Conferência, disponível em: www.presidencia.gov.br/consea. Pode-se ressaltar, do seu conteúdo: crítica aos valores patriarcais do modelo de desenvolvimento; articulação com a perspectiva do etnodesenvolvimento; valorização do papel das mulheres na produção de alimentos em conjunto com a adoção do enfoque agroecológico; demanda por visibilidade do papel da mulher como sujeito político preponderante na construção da política de segurança alimentar e nutricional; existência de indicadores de desigualdade e de instrumentos de monitoramento para a construção de políticas de igualdade de gênero.

Contudo, apenas em 2010/11 houve a decisão de iniciar o tratamento sistemático dessas questões no âmbito do CONSEA, com a criação de um Grupo de Trabalho Gênero e Segurança Alimentar e Nutricional. Este GT, embora específico para a discussão dos direitos das mulheres e a soberania e segurança alimentar e nutricional, deve cuidar para que a existência de um espaço específico de discussão das questões de gênero não desobrigue as várias instâncias do Conselho de ter essa perspectiva em suas agendas próprias.

A segurança alimentar e nutricional: conceitos e concepções no Brasil

A construção brasileira contemporânea, valendo-se de contribuições recolhidas no debate internacional sobre a fome, caminhou na direção de colocar a segurança alimentar e nutricional como um objetivo de ações e políticas públicas relacionadas com os alimentos e a alimentação, sejam elas de iniciativa governamental ou não governamental. A construção desse enfoque no Brasil, como em outras partes do mundo, combinou o desenvolvimento conceitual da noção com seu reconhecimento e difusão enquanto objetivo de ações e políticas públicas. A construção coletiva dentro do SISAN e a articulação da sociedade civil com setores progressistas no governo e no Congresso conseguiram modificar a Constituição Brasileira, incluindo nela o direito a uma alimentação saudável e a segurança alimentar e nutricional. A consecução da segurança alimentar e nutricional tem como elemento nuclear a formulação de políticas públicas com participação social a partir dos organismos de Estado, mas também envolve ações de caráter público por iniciativa da sociedade civil.

As definições de segurança alimentar e nutricional são suscetíveis a distintas acepções e meios para sua efetivação, envolvendo um evidente componente de disputa ao ser utilizada para fundamentar proposições de política pública. A diversidade de compreensões e os conflitos nesse campo envolvem governos, organismos internacionais, representantes de setores produtivos, organizações da sociedade civil e movimentos sociais, entre outros. Diferenças de visão não impedem, no entanto, a construção de consensos ou acordos, ainda que parciais, visando a implementar ações e políticas públicas de segurança alimentar e nutricional, como já ocorre no Brasil.

O quadro a seguir apresenta a definição de segurança alimentar e nutricional consagrada na Lei Orgânica, aprovada em 2006 e regulamentada em 2010, por meio do Decreto Presidencial nº 7272. Essa definição saiu de um encontro do Fórum Brasileiro de Soberania e Segurança Alimentar e Nutricional, em 2003, sendo, posteriormente, aprovada na II Conferência Nacional de Segurança Alimentar e Nutricional realizada em Olinda (PE), em 2004. Ela recolhe contribuições aportadas pelos movimentos sociais e governos ao longo do processo de desenvolvimento do conceito no Brasil desde os anos 1980.

SEGURANÇA ALIMENTAR E NUTRICIONAL

Segurança alimentar e nutricional é a realização do direito de todos ao acesso regular e permanente a alimentos de qualidade, em quantidade suficiente, sem comprometer o acesso a outras necessidades essenciais, tendo como base práticas alimentares promotoras de saúde, que respeitem a diversidade cultural e que sejam social, econômica e ambientalmente sustentáveis.

Assim definida, a "segurança alimentar e nutricional" converte-se em objetivo público, estratégico e permanente, características que a colocam entre as categorias nucleares das opções de desenvolvimento de um país. A formulação brasileira desde cedo acrescentou o adjetivo "nutricional" à expressão mais comumente utilizada como "segurança alimentar". Desse modo, pretendeu-se interligar os enfoques socioeconômico e de saúde e nutrição que estiveram na base da evolução dessa noção expressando a perspectiva intersetorial. Outra peculiaridade é englobar numa única noção duas dimensões, de fato inseparáveis, que são a disponibilidade de alimentos e a qualidade desses bens, sem diferenciar a disponibilidade física (*food security* – segurança alimentar) da qualidade dos alimentos em termos da inocuidade do seu consumo (*food safety* – segurança dos alimentos). A junção de ambas as dimensões permite questionar os modelos predominantes de produção e consumo e as referências de alimentação saudável.

Compreende-se a segurança alimentar e nutricional como um objetivo de ações e políticas públicas cuja formulação, implementação e monitoramento devem refletir dois princípios fundamentais que são o direito humano à alimentação adequada e saudável e a soberania alimentar. A vinculação a esses princípios e a intersetorialidade das ações diferenciam esse enfoque dos usos correntes da expressão"segurança alimentar" por muitos governos e organismos internacionais e, sobretudo, por representações empresariais vinculadas às grandes corporações de produção e processamento de alimentos.

A noção de "segurança alimentar e nutricional" inscreve-se no campo do direito de todo cidadão e cidadã de estar seguro(a) em relação aos alimentos e à alimentação nos aspectos da suficiência (proteção contra a fome e a desnutrição), qualidade (prevenção de males associados à alimentação) e adequação (apropriação às circunstâncias sociais, ambientais e culturais). Uma alimentação é adequada quando, para além de uma "ração nutricionalmente balanceada", colabora para a construção de seres humanos saudáveis, conscientes de seus direitos e deveres e de sua responsabilidade para com o meio ambiente e com a qualidade de vida de seus descendentes.

O direito humano à alimentação adequada deve ser assegurado por meio de políticas de segurança alimentar e nutricional, vale dizer, ela é de responsabilidade do Estado e da sociedade.

DIREITO HUMANO À ALIMENTAÇÃO ADEQUADA

"A alimentação adequada é direito fundamental do ser humano, inerente à
dignidade da pessoa humana e indispensável à realização dos direitos consagrados na Constituição Federal, devendo o poder público adotar as políticas e
ações que se façam necessárias para promover e garantir a segurança alimentar
e nutricional da população."

(LOSAN, art. 2º, 2006.)

O governo e a sociedade brasileira têm obrigações frente a normas legais
internacionais do direito à alimentação. Destacamos três delas: a) o Pacto
Internacional de Direitos Econômicos, Sociais e Culturais, firmado em 1966
e ratificado pelo Brasil; b) o Comentário Geral nº 12 ("O Direito Humano à
Alimentação") abrigado pelo Alto Comissariado de Direitos Humanos das Nações
Unidas, em 1999; c) as Diretrizes Voluntárias para o Direito Humano à Alimentação,
adotadas, em 2004, pelo Conselho da Organização das Nações Unidas para a
Agricultura e Alimentação (FAO). Contudo, ainda não se dispõe de instrumentos
eficazes de promoção, monitoramento e responsabilização pelo cumprimento
dessas obrigações, uma conhecida limitação dos acordos internacionais em várias
áreas. Igualmente limitado vem sendo o cumprimento dos diversos compromissos
assumidos na Cúpula Mundial da Alimentação, em 1996, e no encontro que a
avaliou cinco anos depois.

Quando se considera a ordem internacional, o objetivo da segurança
alimentar e nutricional se defronta com questões de soberania, usualmente,
abordadas na perspectiva da soberania nacional. Embora importante, esta
referência é insuficiente seja para diferenciar os interesses que convivem no interior
dos países – afinal, estes não são blocos homogêneos – seja para enfrentar os
desafios postos pela construção de um sistema alimentar global. Mais promissora

é a noção de soberania alimentar que vem sendo difundida principalmente pelos movimentos sociais, desde meados da década de 1990. Ela expressou o avanço da articulação social no plano internacional, em resposta à conformação de um sistema alimentar global sob controle de grandes corporações, num contexto em que os Estados nacionais perdiam capacidade de formular políticas agroalimentares soberanas.

O Fórum Mundial sobre Soberania Alimentar realizado em Havana (Cuba), em 2001, definiu a soberania alimentar como:

SOBERANIA ALIMENTAR

"... o direito dos povos definirem suas próprias políticas e estratégias sustentáveis de produção, distribuição e consumo de alimentos que garantam o direito à alimentação para toda a população, com base na pequena e média produção, respeitando suas próprias culturas e a diversidade dos modos camponeses, pesqueiros e indígenas de produção agropecuária, de comercialização e gestão dos espaços rurais, nos quais a mulher desempenha um papel fundamental."

A Lei Orgânica de Segurança Alimentar e Nutricional contemplou a perspectiva da soberania alimentar conforme formulação reproduzida no quadro a seguir.

"A consecução do direito humano à alimentação adequada e da segurança alimentar e nutricional requer o respeito à soberania, que confere aos países a primazia de suas decisões sobre a produção e o consumo de alimentos."

(LOSAN, art. 5º, 2006.)

Assim, a promoção da segurança alimentar e nutricional requer o exercício soberano de políticas relacionadas com os alimentos e à alimentação que se sobreponham à lógica mercantil estrita – isto é, à regulação privada – e incorporem a perspectiva do direito humano à alimentação. Desse modo, se estabelece a conexão entre um objetivo de ações e políticas públicas (segurança alimentar e nutricional) e um princípio (soberania alimentar) que o qualifica. Soberania alimentar implica também que as políticas adotadas em seu nome, particularmente pelos países com poder para tanto, não comprometam a soberania de outros países.

Esse risco está presente nos termos dos acordos internacionais (sobre comércio, investimentos, propriedade intelectual, biodiversidade, etc.) e no desmonte de políticas de promoção e proteção de setores domésticos e do patrimônio nacional. O comércio internacional não é, necessariamente, fonte confiável para a promoção da segurança alimentar e nutricional e seu papel deve estar subordinado às estratégias de desenvolvimento dos países.

A segurança alimentar e nutricional é um objetivo que expressa um direito que concerne a toda a população, tem natureza estratégica e deve ser buscado de forma permanente com base no exercício de políticas soberanas. Os processos de desenvolvimento econômico ligam-se à questão alimentar por motivos de ordem ética, econômica e política, e esta questão influi de forma decisiva no padrão de equidade social de uma sociedade. A maneira como os países enfrentam os vários componentes da questão alimentar pode contribuir ou dificultar que esses processos promovam equidade social e melhoria sustentável da alimentação e da qualidade de vida de sua população.

O enfoque da segurança alimentar e nutricional busca ampliar o acesso aos alimentos, ao mesmo tempo em que questiona o padrão inadequado de consumo alimentar, sugere formas mais equitativas, saudáveis e sustentáveis de produzir e comercializar os alimentos e requalifica as ações dirigidas para os grupos populacionais vulneráveis ou com requisitos alimentares específicos. Essas três linhas de ação convertem a busca da segurança alimentar e nutricional num parâmetro para as estratégias de desenvolvimento de um país, como também o são o desenvolvimento sustentável e a equidade social.

O acesso aos alimentos engloba não apenas comer regularmente, mas também comer bem, com alimentos de qualidade e adequados aos hábitos culturais, com base em práticas saudáveis e que preservem o prazer associado à alimentação. Essa perspectiva aplica-se também para os indivíduos ou grupos com maior vulnerabilidade à fome, pois não se trata de assegurar-lhes qualquer alimento. Além disso, o acesso regular aos alimentos pode não representar uma condição de segurança alimentar e nutricional caso o custo da alimentação comprometa o acesso aos demais componentes de uma vida digna como a educação, a saúde, a habitação e o lazer. Essa é uma questão relevante em países com elevada desigualdade social como o Brasil.

Pelo lado da oferta de alimentos, a produção de grandes quantidades de alimentos e um abastecimento adequado não demonstram que o país esteja contemplando os requisitos da segurança alimentar e nutricional, tanto em termos imediatos quanto numa perspectiva de longo prazo. Isto depende do modo como os alimentos são produzidos, comercializados e consumidos, já que o enfoque da segurança alimentar e nutricional considera os aspectos locais, sociais, culturais e ambientais envolvidos nesses processos. A oferta de alimentos não está dissociada da condição social das populações e das relações que elas mantêm com a cultura e o ambiente.

"No nosso dia a dia atuamos com uma conceituação que busca dar conta de três dimensões e uma perspectiva metodológica. Inicialmente a dimensão alimentar, que se relaciona com a produção e disponibilidade de alimentos, suficiente, com continuidade e numa perspectiva sustentável; em segundo lugar a dimensão nutricional que se relaciona com a qualidade dos alimentos, seu adequado preparo e os devidos cuidados com a saúde; em terceiro a soberania

alimentar que garante a cada país o direito de construir as políticas de segurança alimentar e nutricional para sua população. Metodologicamente isso se
constrói num processo de intersetorialidade intra e extra governamental, com
participação efetiva da sociedade civil."

Naidison de Quintella Baptista, coordenador executivo da ASA (ONG), integrante do Movimento
de Organização Comunitária (MOC) e conselheiro da sociedade civil no CONSEA Nacional

6

Da Estratégia Fome Zero ao Programa Brasil sem Miséria

A conexão entre o objetivo da segurança alimentar e nutricional e as estratégias de desenvolvimento, peculiar ao enfoque brasileiro, visa a retirá-lo do campo das políticas meramente compensatórias ou setoriais para convertê-lo em política de Estado. O importante é eliminar a fome ao mesmo tempo em que se eliminam as condições de geração da desigualdade social, tais como a baixa escolarização, a falta de acesso aos serviços de saúde, o não acesso à moradia, terra, energia elétrica, água e saneamento, entre outras condições essenciais da sociedade em que vivemos. O governo do presidente Lula, iniciado em 2003, representou um período político oportuno, abrindo uma ampla janela de oportunidades que possibilitou o encontro dos interesses da sociedade civil com os objetivos de um plano de governo que pretendia incorporar essa perspectiva. A criação do Ministério Extraordinário de Segurança Alimentar e Combate à Fome (MESA) – depois transformado no Ministério de Desenvolvimento Social e Combate à Fome (MDS) – marca a definição do combate à fome como prioridade do Estado e um conjunto de medidas e políticas são organizadas de forma transversal aos ministérios. A agenda da sociedade civil, construída historicamente no processo de mobilização social e política, encontrou um fértil campo de diálogo com a Estratégia Fome Zero, que contou com a participação de vários setores sociais em sua própria construção.

Transformado em programa governamental desde a primeira gestão do presidente Lula (2003 a 2010), o Fome Zero visava a articular políticas e programas públicos para o combate à fome com vistas a assegurar o direito humano à alimentação adequada, adotando a perspectiva da transversalidade e intersetorialidade das ações, nas três esferas de governo e a participação social. Organizou a ação do Estado em quatro eixos: acesso aos alimentos, geração de renda, fortalecimento da agricultura familiar e articulação, mobilização e controle social.

Adotando o enfoque da "vulnerabilidade à fome" ou da "exposição à insegurança alimentar e nutricional" medida pelo nível de renda, o Fome Zero estimou seu público potencial em 44 milhões de pessoas (27,8% da população total do país). Dada as dificuldades verificadas na mensuração da fome, indigência e da pobreza, decidiu-se proceder a uma estimativa de "população vulnerável à fome" em função da renda disponível, a partir dos dados da PNAD de 1999[1]. Eram 9,2 milhões de famílias (21,9% do total) distribuídas nas regiões metropolitanas (19,1%), áreas urbanas não metropolitanas (25,2%) e áreas rurais (46,1%); dos chefes dessas famílias, 64% eram de cor parda ou preta (INSTITUTO CIDADANIA, 2001).

O quadro a seguir revela a concepção ampla e intersetorial que orientou a Estratégia Fome Zero:

Eixos, Programas e Ações da Estratégia Fome Zero

1. Acesso aos Alimentos

• Acesso à Renda: Bolsa Família

---

[1] A metodologia detalhada pode ser encontrada no trabalho encomendado especialmente para o Projeto Fome Zero: "Pobreza e fome: em busca de uma metodologia para quantificação do problema no Brasil", de Takagi, Del Grossi e Graziano da Silva (2001).

• Acesso à Alimentação: Alimentação Escolar (PNAE), Distribuição de Vitamina A e Ferro, Alimentos aos grupos populacionais específicos, Educação Alimentar e Nutricional, Sistema de Vigilância Alimentar e Nutricional (SISVAN), Programa de Alimentação dos Trabalhadores (PAT)

• Redes de SAN locais e regionais: Restaurantes Populares, Cozinhas Comunitárias, Feiras, Agricultura Urbana e Bancos de Alimentos

• Acesso à Água: Cisternas

2. Fortalecimento da Agricultura Familiar

• Financiamento da Agricultura Familiar (PRONAF): Seguro Agrícola e Seguro Safra

• Programa de Aquisição de Alimentos (PAA)

3. Geração de Renda

• Qualificação Social e Profissional

• Economia Solidária e Inclusão Produtiva

• Microcrédito Produtivo Orientado

• Arranjos Regionais de SAN: Conselhos de Desenvolvimento Rural CONSADs e Territórios da Cidadania

4. Articulação, Mobilização e Controle Social

• Centros de Referências em Assistência Social (CRAS) e Programa de Atenção Integral às Famílias (PAIF)

• Conselhos de Políticas Públicas (CONSEAs e outros Conselhos e Comitês de Controle Social)

• Educação Cidadã e Mobilização Social

• Doações

• Parcerias com Empresas e Entidades

Fonte: ARANHA, AV. Fome Zero: a construção de uma estratégia de combate à fome no Brasil.
In: Coleção FOME ZERO: uma história brasileira, vol. I. Brasília, 2010, p. 74-95.

Entre os programas sociais se destacam o Programa Bolsa Família – um programa de transferência de renda[1] condicionado-, o Programa Nacional de Alimentação Escolar, já mencionado, além do estabelecimento de um conjunto de equipamentos públicos de alimentação e nutrição, tais como restaurantes populares, bancos de alimentos, cozinhas comunitárias e ações específicas para pequenos agricultores.

Avaliações do Programa Bolsa Família indicam que as famílias atendidas gastam sua renda principalmente com alimentação. Os dados também atestam a sua eficácia em aumentar a frequência escolar, inclusive do ensino médio, a realização dos exames de pré-natal e para a redução da desigualdade. O CONSEA reconhece o papel relevante do programa na promoção do direito humano à alimentação adequada.

Entre os programas de apoio à produção, são destaques o Programa de Aquisição de Alimentos (PAA) e o PRONAF.

O PAA foi criado em 2003, a partir de uma recomendação do CONSEA, como um instrumento de política pública que estreita as relações entre produtores e consumidores de alimentos. Seus objetivos principais são apoiar a comercialização agropecuária dos agricultores familiares, estimulando a produção de alimentos, e facilitar o acesso a esses alimentos pelas famílias em situação de insegurança

---

[1] As transferências de renda compreendem os gastos do governo federal com o pagamento de benefícios previdenciários, seguro-desemprego, abono salarial, benefícios assistenciais, definidos pela Lei Orgânica de Assistência Social (Loas) e o Programa Bolsa Família.

alimentar[1].

O programa prevê a compra direta de alimentos de agricultores familiares, assentados da reforma agrária e povos e comunidades tradicionais, para abastecer programas governamentais voltados ao atendimento de populações em situação de insegurança alimentar; para ações de distribuição de alimentos à população de maior vulnerabilidade social; e para a formação de estoques estratégicos.

O PRONAF, do Ministério do Desenvolvimento Agrário, é operado pelos bancos públicos e financia projetos individuais ou coletivos, de agricultores familiares e assentados da reforma agrária. Ele se desdobra em uma série de modalidades que respondem à diversidade socioambiental brasileira. Ele também é o reflexo do nível de organização dos movimentos da agricultura familiar.

O advento do governo Dilma Rousseff, em 2011, trouxe a perspectiva de ampliar o foco das ações governamentais que, orientadas no governo Lula pela eliminação da fome, passaram a buscar a erradicação da miséria ou extrema pobreza no Brasil. Assim, já nos primeiros dias do novo governo, anunciaram-se as ações da nova estratégia intitulada de Programa Brasil sem Miséria. O programa visa focar as ações para a faixa dos extremamente pobres que ainda não conseguiram sair desta condição, apesar de todos os esforços da estratégia Fome Zero. A pobreza engloba múltiplas dimensões e tem formas diversas de manifestação, de modo que é bastante heterogêneo o universo dos que podem ser considerados pobres no Brasil ou em qualquer outra sociedade. É importante ressaltar que o acesso aos alimentos ainda deve ter um enfoque prioritário, pois as condições de acesso à alimentação estarão sempre entre os parâmetros que aferem as condições de existência dos indivíduos, famílias ou grupos sociais, em particular, daqueles em extrema pobreza.

Espera-se que o novo programa se valha da legitimidade social e da

---

[1] O PAA tem recursos do Ministério de Desenvolvimento Social e Combate à Fome e do Ministério de Desenvolvimento Agrário. Ele é executado pelo governo federal em parceria com a Companhia Nacional de Abastecimento, estados e municípios.

experiência de integração nas políticas públicas já alcançadas, no Brasil, pela promoção da segurança alimentar e nutricional à luz dos princípios da soberania alimentar e do direito humano à alimentação adequada e saudável. O país dispõe do primeiro Plano Nacional de Segurança Alimentar e Nutricional com vigência no período 2012-2015, lançado pelo governo Dilma em agosto de 2011, a partir de decreto presidencial assinado pelo ex-presidente Lula.

O CONSEA sugeriu três tipos de contribuições do campo da segurança alimentar e nutricional para a erradicação da extrema pobreza, a partir das análises seguintes:

Primeiro, o suplemento especial de segurança alimentar da PNAD 2009, seguindo a metodologia da Escala Brasileira da Insegurança Alimentar, demonstrou que o número de domicílios com insegurança alimentar caiu de 34,9% para 30,2% entre 2004 e 2009. O domicílio classificado com algum tipo de insegurança alimentar, significa que seus moradores tiveram alguma restrição alimentar ou, pelo menos, alguma preocupação com a possibilidade de ocorrer restrição devido à falta de recursos para adquirir alimentos (IBGE, 2010). Proposta: universalizar as transferências de renda pelo Programa Bolsa Família e Seguridade Social e também o acesso à educação e saúde, combinadas com políticas específicas para grupos populacionais como povos indígenas e demais povos e comunidades tradicionais, populações rurais do Norte e Nordeste, populações em situação de rua e outras formas de pobreza urbana.

Segundo, o Brasil carece de uma política de abastecimento com papel ativo do Estado articulando, de forma descentralizada, a ampliação do acesso à alimentação adequada e saudável com a promoção da produção familiar de base agroecológica. Proposta: promover profundas alterações nos modos de produzir, comercializar e consumir alimentos inclui controle do uso de agrotóxicos num país que se tornou o maior mercado mundial desses produtos, promoção de uma agricultura diversificada com incentivo às práticas da agroecologia, proteção da sociobiodiversidade, defesa dos direitos dos agricultores familiares, reforma agrária e acesso à terra e à água. As famílias rurais reúnem a dupla condição de grupo social com elevada incidência de pobreza extrema e produtores de alimentos.

A terceira e fundamental contribuição diz respeito ao fortalecimento da participação e controle social dos programas e ações públicas, como vem sendo construído no campo da segurança alimentar e nutricional e em outras áreas da ação pública no Brasil. É possível e desejável que o compromisso com a construção do Sistema Nacional de Segurança Alimentar e Nutricional, de forma pactuada, entre as três esferas de governo e a representação social, venha em reforço ao cumprimento da meta de erradicar a extrema pobreza no nosso país. Espaços intersetoriais de participação como os CONSEAS (nacional, estaduais e municipais) oferecem um mecanismo particularmente útil na articulação entre os setores de governo, entre as três esferas de governo e na interação governo e sociedade civil.

Em todas as ações sugeridas, crianças, idosos e mulheres demandam atenção particular, em especial as mulheres trabalhadoras rurais e camponesas, mais vulneráveis à pobreza e com acesso mais difícil às políticas públicas. É sabido que a agricultura familiar brasileira é provedora de cerca de 70% dos alimentos básicos que chegam à mesa da população e que esta produção certamente não existiria sem o trabalho das mulheres. Historicamente, o trabalho da mulher camponesa não tem visibilidade e evidencia assimetrias importantes, quando comparadas com o trabalho masculino. A mulher camponesa é, em geral, a provedora de alimentos da família porque os cultiva diretamente nas lavouras ou quintais, mas também porque é dela a responsabilidade pelas tarefas domésticas e o cuidado com as crianças. A organização e a produção de alimentos saudáveis por mulheres camponesas têm permitido intensificar qualitativamente a luta pela soberania e segurança alimentar e nutricional pela via da produção de alimentos de forma diversificada e saudável.

De outro lado, a promoção da alimentação adequada e saudável requer ações educativas associadas à prevenção e o enfrentamento dos males de saúde provocados pela má alimentação, por meio da atenção nutricional no Sistema Único de Saúde e da regulamentação da publicidade de alimentos. Dados oficiais de 2009 revelam que o excesso de peso entre a população adulta atinge 50,1% dos homens e 48% das mulheres; a obesidade já afeta 12,5% dos homens e 16,9% das mulheres. Entre os adolescentes, o excesso de peso atinge 21,5% dos homens e 19,4% das mulheres. Os significativos ganhos já conseguidos em relação à fome e desnutrição foram acompanhados pela incorporação desses outros males entre os problemas de saúde pública que, note-se, incidem fortemente entre os mais pobres.

A recente crise internacional dos alimentos mantém os alimentos e a agricultura no centro dos debates mundiais. A grande volatilidade nos preços internacionais das *commodities* agropecuárias e a tendência de alta nos preços domésticos dos alimentos em muitas partes do mundo, inclusive no Brasil, confirmam a necessidade de fortalecer o papel regulador do Estado e a produção de base familiar, como partes integrantes do Sistema Nacional de Segurança Alimentar e Nutricional previsto pela Lei nº 11.346/2006. Não há erradicação de extrema pobreza bem-sucedida quando os preços dos alimentos ficam ao sabor da especulação e da lógica privada.

O Brasil tem também responsabilidades a cumprir na promoção da soberania e segurança alimentar e nutricional dos povos, não apenas como beneficiário do aumento de suas exportações agroalimentares. De fato, o Brasil se tornou um dos principais países doadores do mundo no contexto da cooperação internacional nesse campo, em diversas regiões do mundo, mas de forma mais pronunciada no âmbito da América Latina, Caribe e África. Alguns dados a respeito indicam a dimensão adquirida por essa cooperação: em 2008 foram doados ao Programa Mundial de Alimentos (PMA) e à FAO 45 mil toneladas e arroz, 2 mil toneladas de leite em pó e 500 kg de sementes de hortaliças para Cuba, Haiti, Honduras e Jamaica; em 2010 o total de recursos previstos na ação orçamentária para a cooperação humanitária foi de 95,5 milhões de dólares norte-americanos e em 2011 estava previsto como doação para a ajuda humanitária internacional meio milhão de toneladas de alimentos adquiridos da agricultura familiar brasileira (arroz, feijão, milho e leite em pó), além de outras ações e recursos financeiros (CGFOME, 2010). Não menos importante tem sido a cooperação que vem se estabelecendo entre as organizações da sociedade civil brasileira e estrangeira na forma da participação em espaços internacionais como o Mecanismo da Sociedade Civil no CSA, ou pela realização de atividades conjuntas no Brasil e no exterior. A própria participação social por meio do CONSEA tem sido objeto de crescente interesse internacional e dado origem ao compartilhamento de experiências entre atores da sociedade civil.

Por mais utópica que seja a perspectiva da plena eliminação da desigualdade social numa sociedade geradora de desigualdade nas relações privadas e na apropriação das benesses do aparelho de Estado, é perfeitamente possível extirpar as manifestações extremas que negam a um vasto contingente da população a possibilidade de viver uma vida minimamente digna. Para tanto, claros compromissos são requeridos não apenas do governo federal, mas também das três esferas de governo e os demais poderes, além de contar com decisiva participação e controle social.

Lições aprendidas da experiência brasileira

Entre os muitos fatores presentes na longa trajetória brasileira, destacamos como lições aprendidas, tanto nas conquistas quanto nos desafios ainda por enfrentar:

• Enraizamento social de conceitos e princípios construídos em processos participativos englobando atores dos mais variados setores sociais e campos temáticos, não governamentais e governamentais, posteriormente consagrados nos marcos legal e institucional;

• Desenvolvimento de uma abordagem intersetorial e sistêmica da soberania e segurança alimentar e nutricional e do direito humano à alimentação, com vistas a desenhar programas e ações integradas que deem conta dos múltiplos fatores que determinam a condição alimentar e nutricional dos indivíduos, famílias e grupos sociais;

• Decisão política do governo federal, seguida por vários governos estaduais e alguns governos municipais, de colocar a fome e a segurança alimentar e nutricional entre as principais prioridades na agenda governamental, localizando o CONSEA em nível supraministerial (ou suprassetorial) e conferindo suporte orçamentário e institucional aos programas públicos respectivos;

• Participação social na formulação, implementação, monitoramento e controle das políticas públicas, superando os enfoques tecnocráticos tradicionais, simultaneamente à construção de capacidades entre as organizações da sociedade civil para irem além de demandas e projetos específicos. A possibilidade da participação social tem contribuído para a progressiva superação da visão míope de que as organizações da sociedade civil não têm condições de contribuir com o desenho e a implementação de políticas públicas, sendo então tais tarefas exclusivas do Estado, por meio seus representares eleitos;

• Dar visibilidade aos conflitos sociais e às distintas visões relativas aos vários, e às vezes controversos, aspectos da soberania e segurança alimentar e nutricional e do direito à alimentação, de modo a conferir legitimidade social e reconhecimento político a essas questões e ao CONSEA como espaço público de concertação social, apesar do engajamento diferenciado dos setores de governo e da atuação, por vezes, contrastante entre eles;

• Organização autônoma da sociedade civil em redes sociais como, por exemplo, o Fórum Brasileiro de Soberania e Segurança Alimentar e Nutricional e seus sucedâneos nas esferas estadual e municipal, ampliando a capacidade das organizações da sociedade civil de incidirem na definição das agendas dos CONSEAs, das Conferências e de outros espaços de participação, combinando a participação institucional com a mobilização social e outros instrumentos legítimos de demanda;

• Busca permanente de transparência e responsabilização (accountability), para o que tem sido fundamental a vontade política e também a capacitação técnica para realizar o monitoramento e controle social das ações públicas, como o exemplificam as metodologias desenvolvidas no CONSEA de indicadores da realização do direito à alimentação, de monitoramento do orçamento público e para o desenho e gestão dos programas;

- Enfrentar a questão do acesso das organizações sociais aos fundos públicos, de modo transparente e com controle social, em razão do papel estratégico cumprido pelas organizações da sociedade civil na execução de programas públicos e no apoio a experiências significativas levadas a cabo pelas organizações sociais.

Da construção brasileira

Apesar dos indiscutíveis avanços logrados no campo social em geral, e no alimentar e nutricional em particular, o Brasil permanece com uma dívida social incompatível com seu atual nível de desenvolvimento econômico. O país ainda possui um contingente significativo de pessoas abaixo da linha de extrema pobreza e apresenta níveis de desigualdade entre os mais altos do mundo e milhões de famílias que ainda não têm acesso a programas públicos, o que resulta na violação quotidiana de seu direito humano à alimentação adequada. Além disso, verifica-se nos setores conservadores um recorrente esforço de enfraquecimento e de criminalização das organizações e movimentos sociais que lutam por justiça social, o que contribui para fragilizar a democracia brasileira.

É preciso que os êxitos não levem, sob pressão de outras agendas, à retirada de prioridade política da erradicação da fome e da pobreza, que não apenas exige vigilância permanente pelo comprovado risco de retrocessos, como também apresenta várias áreas ainda por atuar. O Plano Nacional de Segurança Alimentar e Nutricional possui importantes metas com forte potencial de melhorar as condições de vida da população brasileira que ainda tem o seu direito à alimentação adequada violado. Monitorar o cumprimento das metas estabelecidas neste Plano é uma tarefa imperiosa e coletiva, da sociedade civil e dos gestores governamentais.

No que se refere à instituição do SISAN, resta avançar no comprometimento efetivo dos governos estaduais e municipais respaldado na promulgação, pelo

Congresso Nacional, da Emenda Constitucional nº 64/2010 incluindo a alimentação entre os direitos sociais previstos na Constituição Federal. Essa significativa conquista deve ser seguida pela criação, fortalecimento e garantia de mecanismos de exigibilidade do direito humano à alimentação adequada em coordenação com o sistema de políticas públicas dos direitos humanos, propiciando uma cultura desses direitos no Brasil.

Da soberania e segurança alimentar e nutricional global

O momento crítico pelo qual passa o mundo compromete a realização do direito humano à alimentação adequada de grandes parcelas da população, em diversas regiões, tanto pelas repercussões da alta dos preços internacionais e domésticos dos alimentos, quanto pela crise econômico-financeira que a ela se sobrepôs e terminou por ofuscar o debate a respeito.

O diagnóstico realizado pelo CONSEA aponta para uma crise do modelo global de produção e consumo de alimentos que compromete a soberania e a segurança alimentar e nutricional dos povos, o direito à alimentação e as iniciativas de inclusão social de parcelas significativas das populações carentes. Mais grave, a natureza sistêmica da crise alimentar se revela também nas interfaces que ela mantém com as crises econômica, ambiental (climática) e energética, particularmente, pela interconexão entre as respostas para cada uma delas que requer uma visão de conjunto.

As responsabilidades internas e internacionais derivadas da notoriedade adquirida no campo alimentar e nutricional requerem do Brasil e, claro, do conjunto da comunidade internacional, mais do que uma resposta mercantil ao benefício dos ganhos comerciais oferecidos pela conjuntura econômica. As proposições do movimento social brasileiro, recolhidas pelo CONSEA, têm sido na direção de:

• Promover novas bases sustentáveis para o modelo de produção e consumo;
• Apoiar a agricultura familiar de base agroecológica;

• Assegurar a ampliação da produção diversificada de alimentos com valorização da agrobiodiversidade;

• Assegurar e ampliar o acesso às políticas públicas essenciais que garantem o direito à saúde, à educação, à renda básica mínima, entre outros direitos;

• Fortalecer a cultura e os hábitos alimentares regionais;

• Democratizar o acesso à terra (intensificando a política nacional de reforma agrária), à água e aos demais recursos naturais.

As proposições apontam para a recuperação da capacidade reguladora do Estado e a implantação de política nacionais soberanas de abastecimento que ampliem o acesso a alimentos de qualidade com base em sistemas sustentáveis descentralizados, articule as várias ações da produção ao consumo e enfrente os males de saúde derivados da má alimentação.

Nessa direção, as ações de assistência humanitária internacional devem aperfeiçoar uma dinâmica multidisciplinar e participativa de coordenação entre os órgãos governamentais e a sociedade civil, bem como ir além das tradicionais formas de assistência alimentar com vistas a contribuir para a formulação e implementação de políticas soberanas de segurança alimentar e nutricional nos países demandantes de cooperação.

Ao mesmo tempo, a atuação internacional deve apoiar a construção de uma governança global de segurança alimentar e nutricional que se paute nos princípios do direito humano à alimentação adequada, da participação social, da responsabilidade comum, porém diferenciada, na precaução e no respeito ao multilateralismo. Essas perspectivas devem estar presentes nas negociações comerciais agrícolas e nos demais acordos internacionais que incidam sobre a soberania e segurança alimentar e nutricional. No caso do Brasil, estima-se como importante a atuação no âmbito regional, seja no MERCOSUL ampliado como na UNASUL, além da atuação na África e junto aos países da CPLP (Comunidade dos Países de Língua Portuguesa). É importante observar o grau de exposição dos países da região revelado na recente crise dos alimentos e as perspectivas apresentadas pela construção de uma estratégia regional de segurança alimentar e nutricional com importante participação das organizações e redes sociais latino-americanas. Os países da CPLP formaram um grupo de trabalho em segurança alimentar, cuja primeira reunião foi em julho de 2012 em Maputo, Moçambique, da qual se espera que o Brasil tenha papel proeminente, considerada sua experiência no assunto.

Consagrando princípios

Por fim, os avanços obtidos pelo Brasil na luta contra a fome e a pobreza foram alcançados por meio da luta social e pela decisão política de se implementar políticas públicas adequadas e que incluem a perspectiva do aperfeiçoamento da democracia brasileira e reafirmam os seguintes princípios:

• A alimentação adequada e saudável reconhecida como direito humano e obrigação do Estado;

• A soberania e a segurança alimentar e nutricional entendida como eixo estratégico do desenvolvimento socioeconômico do país;

• A participação da sociedade civil garantida por meio de espaços formais para o diálogo social;

• O fortalecimento do papel regulador do Estado, que deve colocar a proteção dos direitos humanos acima dos interesses do mercado;

• A prática da intersetorialidade (diálogo permanente entre os setores) na concepção e na gestão das políticas públicas de segurança alimentar e nutricional;

• O papel estratégico das mulheres na luta pela garantia da soberania alimentar, na conservação e no manejo sustentável dos recursos naturais;

• O respeito e a garantia dos princípios de etnodesenvolvimento na formulação e implementação das políticas públicas de segurança alimentar e nutricional, universais ou específicas, para povos indígenas, população negra e povos e comunidades tradicionais;

• Formulação e implementação de políticas afirmativas de combate ao racismo e à discriminação, em especial aquelas dirigidas à eliminação das desigualdades sociais, regionais, étnico-raciais e de gênero.

A paz, o bem-estar social, a eliminação da fome, da pobreza e de todas as formas de discriminação e racismo dependem do aprofundamento da democracia participativa e da redistribuição de renda e do poder, condição necessária para assegurar o direito humano à alimentação adequada, a soberania e a segurança alimentar e nutricional de uma nação.

Referências bibliográficas

Abrandh. Ação Brasileira pela Nutrição e Direitos Humanos. *Direito humano à alimentação adequada no contexto da segurança alimentar e nutricional*. Valéria Burity et al. Brasília, 2010.

_____. Ação Brasileira pela Nutrição e Direitos Humanos. In: *O direito humano à alimentação adequada e o sistema nacional de segurança alimentar e nutricional*. Conteúdos do curso a distância disponíveis na plataforma eletrônica de ensino a distância. Brasília, 2012.

ARANHA, A. V. Fome Zero: a construção de uma estratégia de combate à fome no Brasil. *Coleção FOME ZERO*: uma história brasileira, vol. I. Brasília, 2010, p. 74-95.

BRASIL. Instituto de Pesquisa Econômica e Aplicada (IPEA). *Mudanças recentes na pobreza brasileira*. Comunicado nº 111, Brasília, agosto de 2011.

BRASIL. Ministério da Saúde. Fundação Nacional de Saúde (FUNASA). *I Inquérito Nacional de Saúde e Nutrição dos Povos Indígenas*. Consórcio ABRASCO (Associação Brasileira de Pós-Graduação em Saúde) & Institute of Ibero-American Studies, Goteborg University, Suécia. Brasília, 2009.

BRASIL. Ministério da Saúde. Secretaria de Gestão Estratégica e Participativa. *A construção do SUS*: histórias da reforma sanitária e do processo participativo. Brasília, 2006.

BRASIL. Ministério das Relações Exteriores. Coordenação Geral das Ações Internacionais de Combate à Fome (CGFOME). *Cooperação Humanitária Internacional*: balanço 2006-2010. Brasília.

BRASIL. Presidência da República. Secretaria de Assuntos Estratégicos

(SAE). Barros, R.; Mendonça, R.; Tsukada, R. *Portas de saída, inclusão produtiva e erradicação da extrema pobreza*, no Brasil. Brasília, 2011.

CASTRO, Josué de. *Geografia da Fome*. 5ª edição. Rio de Janeiro: Civilização Brasileira, 2005.

CONSEA. Conselho Nacional de Segurança Alimentar e Nutricional. *A segurança alimentar e nutricional e o direito à alimentação adequada no Brasil*. Indicadores e Monitoramento: da constituição de 1988 aos dias atuais. Brasília, 2010.

IBGE. Instituto Brasileiro de Geografia e Estatística. PNAD. *Pesquisa Nacional de Amostra de Domicílio*. Suplemento de Segurança Alimentar. Rio de Janeiro, 2010.

INSTITUTO CIDADANIA. *Projeto Fome Zero*: uma proposta de política de segurança alimentar para o Brasil. São Paulo, 2001.

LEÃO, M. M.; CASTRO, I. Políticas Públicas de Alimentação e Nutrição. *Epidemiologia Nutricional*. Org. Kac, G et al. Fiocruz e Atheneu. Rio de Janeiro, 2007.

MALUF, R. Construção do SISAN, Mobilização e Participação Social. *Coleção FOME ZERO*: uma história brasileira, vol. II. Brasília, 2010, p. 27-37.

MENEZES, F. Mobilização social e participação da sociedade civil. *Coleção FOME ZERO*: uma história brasileira, vol. I. Brasília, 2010, p. 120-32.

PAIM, J. S. *Reforma sanitária brasileira: contribuição para a compreensão e crítica*. Salvador: Eduufba/Rio de Janeiro: Fiocruz, 2008.

PELIANO, A. M. Lições da história: avanços e retrocessos na trajetória das políticas públicas de combate à fome e à pobreza no Brasil. *Coleção FOME ZERO*: uma história brasileira, vol. I. Brasília, 2010, p. 26-41.

SILIPRANDI, E. Políticas de segurança alimentar e relações de gênero. *Cadernos de Debate*. Campinas, SP, v. XI, p. 38-57, dez 2004.

_____. *Políticas de alimentação e papéis de gênero*: desafios para uma maior eqüidade. Cadernos. SOF 64.109, 2008.

SILVA, L. I.; SILVA, J.G. *Política Nacional de Segurança Alimentar*. São
Paulo, Governo Paralelo, 1991.

TAKAGI, M. A implantação do programa FOME ZERO do governo Lula.
Coleção FOME ZERO: uma história brasileira, vol. I. Brasília, 2010, p. 54-73.

Siglas

ABRANDH-Ação Brasileira pela Nutrição e Direitos Humanos

ANA-Articulação Nacional de Agroecologia

APN-Agentes de Pastoral Negros

Apoinme-Articulação dos Povos Indígenas do Nordeste, Minas Gerais e Espírito Santo

ASA-Articulação no Semi-Árido Brasileiro

ASSEMA-Associação em Áreas de Assentamento no Estado do Maranhão

CAISAN-Câmara Interministerial de Segurança Alimentar e Nutricional

CFN-Conselho Federal de Nutricionistas

CGFOME-Coordenação Geral das Ações Internacionais de Combate à Fome

CNA-Confederação Nacional da Agricultura

COEP-Rede Nacional de Mobilização Social

COIAB -Coordenação das Organizações Indígenas da Amazônia Brasileira

CONAQ-Coordenação Nacional das Comunidades Negras Rurais Quilombolas

CONSEA-Conselho Nacional de Segurança Alimentar e Nutricional

CONTAG-Confederação Nacional dos Trabalhadores da Agricultura

CPCE-Comissão Permanente de Presidentes de Conseas Estaduais

CPLP-Comunidade dos Países de Língua Portuguesa

CRAS-Centros de Referências em Assistência Social

CSA-Comitê de Segurança Alimentar da FAO

CUT-Central Única dos Trabalhadores

DHAA-Direito Humano à Alimentação Adequada

FAO-Organização das Nações Unidas para a Agricultura e Alimentação

FBSSAN -Fórum Brasileiro de Soberania e Segurança Alimentar e Nutricional

FENACELBRA-Federação Nacional das Associações de Celíacos do Brasil

FETRAF-Federação Nacional dos Trabalhadores e Trabalhadoras na Agricultura Familiar do Brasil

FIAN-Rede de Informação e Ação pelo Direito a se Alimentar

FNRU-Fórum Nacional de Reforma Urbana

FUNASA-Fundação Nacional de Saúde

GT-Grupo de Trabalho

IDEC-Instituto Brasileiro de Defesa do Consumidor

INESC-Instituto de Estudos Socieconômicos

IPEA-Instituto de Pesquisa Econômica e Aplicada

LOSAN-Lei Orgânica de Segurança Alimentar e Nutricional

MDS- Ministério do Desenvolvimento Social e Combate à Fome

MERCOSUL- Mercado Comum do Sul

MESA-Ministério Extraordinário de Segurança Alimentar e Combate à Fome

MMC-Movimento de Mulheres Camponesas

OMC- Organização Mundial do Comércio

ONU-Organização das Nações Unidas

PAA-Programa de Aquisição de Alimentos

PAIF-Programa de Atenção Integral às Famílias (PAIF)

PAT-Programa de Alimentação dos Trabalhadores

PIDESC-Pacto Internacional de Direitos Econômicos, Sociais e Culturais

PLANSAN-Plano Nacional de Segurança Alimentar e Nutricional

PMA-Programa Mundial de Alimentos

PNAE-Programa Nacional de Alimentação Escolar

PNAN-Política Nacional de Alimentação e Nutrição

PNSAN-Política Nacional de Segurança Alimentar e Nutricional

PRONAF-Programa Financiamento da Agricultura Familiar

RENAS-Rede Evangélica Nacional de Ação Social

SAN-Segurança Alimentar e Nutricional

SISAN-Sistema Nacional de Segurança Alimentar e Nutricional

SISVAN-Sistema de Vigilância Alimentar e Nutricional

SUS-Sistema Único de Saúde

UNASUL-União de Nações Sul-Americanas

Lista de gráficos

Lista de figuras

SOCIEDADE CIVIL (total de 38 representantes)

Povos e comunidades tradicionais (4 representantes)

• Extrativistas

• Pescadores-aquicultores

• Comunidades de terreiro

• Quilombolas

Povos indígenas (2 representantes)

Agricultura familiar, trabalhadores e reforma agrária (4 representantes)

Semiárido (1 representante)

População negra (1 representante)

Pessoas com necessidades especiais (1 representante)

Centrais sindicais e entidades profissionais (3 representantes)

Redes nacionais com matriz religiosa (3 representantes):

• Pastorais sociais

• Rede Evangélica Nacional

• Pastoral da Criança

Entidades de representação profissional e de estudos (1 representante)

Redes e fóruns nacionais temáticos (10 representantes):

• Agroecologia

• Economia solidária

• Educação Cidadã

• Rede Nacional de Mobilização Social (COEP)

• Fórum Brasileiro de Soberania e Segurança Alimentar (FBSSAN) (3 representantes)

- Setores urbanos

- Ação da Cidadania

- Consumidores

Especialistas e pesquisadores (4 representantes):

- Saúde coletiva

- Nutrição e políticas de SAN

- Enfoques sociopolíticos

- Indicadores e monitoramento

Entidades de direito humano à alimentação (2 representantes)

Entidades empresariais (2 representantes):

- Agricultura patronal

- Indústria de Alimentos e Abastecimento

CONSELHEIROS(AS) REPRESENTANTES DO GOVERNO (total de 19 representantes)

1. Casa Civil da Presidência da República

2. Ministério da Agricultura, Pecuária e Abastecimento

3. Ministério da Ciência, da Tecnologia e Inovação

4. Ministério da Educação

5. Ministério da Fazenda

6. Ministério da Integração Nacional

7. Ministério da Pesca e Aquicultura

8. Ministério da Saúde

9. Ministério das Cidades

10. Ministério das Relações Exteriores

11. Ministério do Desenvolvimento Agrário

12. Ministério do Desenvolvimento Social e Combate à Fome

13. Ministério do Meio Ambiente

14. Ministério do Planejamento, Orçamento e Gestão

15. Ministério do Trabalho e Emprego

16. Secretaria de Direitos Humanos

17. Secretaria de Políticas de Promoção da Igualdade Racial

18. Secretaria de Políticas para Mulheres

19. Secretaria Geral da Presidência da República

ENTIDADES CONVIDADAS E OBSERVADORAS (28 organizações)

1. Actionaid Brasil

2. Assessoria Especial da Presidência da República

3. Caixa Econômica Federal

4. Confederação das Mulheres do Brasil

5. Conselho de Desenvolvimento Econômico e Social (Cdes)

6. Conselho Nacional de Assistência Social (CNAS)

7. Conselho Nacional de Desenvolvimento Rural Sustentável (Condraf)

8. Conselho Nacional de Economia Solidária (CNES)

9. Conselho Nacional de Saúde

10. Conselho Nacional do Meio Ambiente (Conama)

11. Frente Parlamentar de Segurança Alimentar e Nutricional Nacional

12. Fundação Banco do Brasil

13. Fundo das Nações Unidas para a Infância (Unicef)

14. Heifer do Brasil

15. Instituto Interamericano de Cooperação para a Agricultura (IICA)

16. Itaipu Binacional

17. Ministério Público Federal

18. Organização das Nações Unidas para a Educação, a Ciência e a Cultura (Unesco)

19. Organização das Nações Unidas para Agricultura e Alimentação (FAO)

20. Organização Panamericana da Saúde (Opas)

21. Oxfam Internacional

22. Programa das Nações Unidas para o Desenvolvimento (Pnud)

23. Relatoria do Direito Humano à Terra, ao Território e à Alimentação

24. Serviço Brasileiro de Apoio as Micro e Pequenas Empresas (Sebrae)

25. Serviço Nacional de Aprendizagem Rural (Senar)

26. Serviço Social da Indústria (Sesi)

27. Serviço Social do Comércio (Sesc)

28. Talher Nacional

Fonte: Consea

Effective public policies and active citizenship Brazil's experience of building a Food and Nutrition Security System

![Contents]

Executive Summary

1. Brazil has achieved promising results in the fight against hunger and poverty. This paper describes the path toward building a new governance framework for the provision of public policies that initiated a virtuous cycle for the progressive elimination of hunger and poverty. However, it is important to emphasize that the country continues to be characterized by dynamics that generate inequalities and threaten social and environmental justice.

2. The paper explains how Brazil has sought to find original solutions to eliminate hunger and poverty, imposing on the State the obligation to implement public policies that guarantee the fundamental rights of the human being: the right to minimum income, food, health, education and work. The document is addressed to people and organizations interested in learning about the strategies that the country has been adopting to ensure food and nutrition security and sovereignty as wel l as the human right to adequate food.

3. The country's redemocratization process, which started in the mid-1980s, was instrumental in forging the current relations between the State and civil society. The 1988 Constitution guaranteed social, civil and political rights that forced the Brazilian State to recognize the need to reorganize its structure and governance in order to fulfill its new obligations. Moreover, the 1988 Constitution ensured new forms of participation in public policies through councils and social control policies,while enabling partnerships between the public sector and the nonprofit private sector. A new arena for social dialogue has been established.

4. It was evident that the necessary changes to public institutions transcended the boundaries of administrative and financial reform, requiring a more comprehensive reformulation and expanding of the concepts of the various government sectors and their corresponding action. Civil society has always been present and played a leading role in this process of reconstruction and expansion of public institutions, with a view to ensuring the newly achieved rights.

5. The systemic approach was the option of various sectors, possibly because it facilitates the regulation of inter-federative coordination - federal, state and municipal - and inter-sectoral management, where the roles and responsibilities of each can be clearly defined and the autonomy of each federative entity preserved. The adoption of a "national system" for the provision of public policies was also in tune with the national trend of understanding the various sectors of society in an inter-dependent and indivisible way. For Brazilians the concept of food and nutrition security, in its broadest sense, is the result of the realization of the right to food (regular and permanent access to adequate food for all) in the conditions under which food is produced and sold, without compromising other rights such as housing, health, education, income, environment, labor, transportation, employment, leisure, freedom, and land access and tenure.

6.The Zero Hunger Project was originally conceived in 2001 by a nonprofit civil society organization interested in contributing to the formulation of a National Food and Nutrition Security policy that was still lacking in the country.The project, which was adopted by Lula's administration in 2003, defined the fight against hunger and poverty as a political priority and paved the way for the development of legal instruments that would ensure the continuity of policies and programs targeted at the poor. In 2006, the Organic Law on Food Security (LOSAN) created the National Food and Nutrition Security System (SISAN), with the aim to guarantee and protect the human right to adequate food. It is important to note that LOSAN has a strong human rights approach, placing human dignity and empowerment at the core of discussions on public policy and strengthening relations between governments and civil society. It also launched the basis for the Constitution to include the right to food in the list of other social rights which had already been secured, and which finally happened in 2010.

7. The mandate of the National Food and Nutrition Security System (SISAN) is to organize and strengthen the institutions of the Brazilian State and create formal spaces for social participation through Food and Nutrition Security Councils (CONSEA) in designing, influencing and monitoring public policies in the field of food and nutrition security and sovereignty. This paper presents the *modus operandi* and inter-relations between the governance system forums and civil society participation. It also presents the legal instruments that make up the reference framework governing the human right to adequate food in Brazil.

8. Some of the key lessons learned from this historic process include: (i) the importance of participatory pacts related to concepts and principles; (ii) the appropriateness of the choice of a systemic and intersectoral approach as a way to guarantee the human right to adequate food and promote food and nutrition security; (iii) the relevant role of civil society ensured through formal spaces of social dialogue (CONSEAs); (iv) the importance of the State putting the protection of human rights above market interests; (v) the necessary practice of intersectoral coordination in the design and management of public policies on food and nutrition security; (vi) the strategic role of women in the struggle to guarantee food sovereignty as well as the conservation and sustainable management of natural resources; and (vii) the respect for and guarantee of ethno-development principles in the design and implementation of public policies for indigenous peoples, blacks, traditional peoples and communities.

9. Despite the undeniable progress made, many challenges still remain on the Brazilian development agenda. The existing social inequality is incompatible with the country's current level of economic development. The number of socially vulnerable people is still high, and they have no access to all the public programs to which they are entitled. Moreover, there is a recurring effort from conservative sectors to weaken and criminalize the social movements and organizations fighting for social and environmental justice, which threatens to undermine Brazilian democracy.

10. The paper concludes that the progress made by Brazil in the fight against hunger and poverty resulted from the combination of the interests of government and civil society through a process of collective, participatory and democratic construction. The continuity of the main public policies that have contributed to this progress and the convergence of political and social forces are indispensable conditions to overcoming the challenges that still hinder the elimination of all forms of social inequality and violation of rights.

Effective public policies and active citizenship Brazil's experience of building a Food and Nutrition Security System *

By Marília Leão and Renato S. Maluf[①]

"We will never achieve peace in a world divided into abundance and deprivation, luxury and poverty, waste and hunger. We must put an end to this social inequality."

Josué de Castro

Introduction

The results and impact achieved by Brazil in the fight against hunger and extreme poverty are impressive and have drawn attention worldwide. "Zero Hunger" has become a household name. There is interest in replicating this public policy, but little is known internationally about the process that led to the construction of the National Food and Nutritional Security Policy and System (SISAN) in Brazil, which is the expression of the country's aspiration to eradicate hunger and poverty.

---

* This document is the result of the partnership between Oxfam and Abrandh. Abrandh is a Brazilian non-governmental and nonprofit organization that advocates democracy and human rights, in particular the right to adequate food.

① This document was prepared by Marília Leão, president of Abrandh and civil society counselor at CONSEA, and Renato S. Maluf, a professor at the Federal Rural University of Rio de Janeiro (UFRRJ), former president of CONSEA during the period 2007-2011 and currently civil society counselor at CONSEA. The final version of this document incorporates relevant contributions from the Oxfam team: Simon Ticehurst, Muriel Saragoussi, Juana Lucini and Carlos Aguilar.

Thinking about the Brazilian experience requires thinking about the complexity of a pluralistic society that seeks creative solutions amidst conflicting and competing development models and political interests. In Brazil, we know that it was necessary to develop a capacity for intersectoral work, skills for dialogue between social actors, and cross-cutting action between government and public organizations. We know that this construction is based on processes of social participation and control, designed against a backdrop of struggles and victories - a social technology. Other countries seeking to solve problems similar to ours are very much interested in hearing this story, despite its dichotomies and the contextual differences.

Through the Zero Hunger Strategy, Brazil has strengthened the human right to adequate food by seeking to contribute to the United Nations (UN) system, especially the United Nations Food and Agriculture Organization (FAO) and the World Food Program (WFP), in compliance with the internationally agreed principles of sovereignty of peoples, neutrality and solidarity. The Brazilian experience influenced the reform of the FAO Committee on Food Security (CFS), in the hope that it will become the main multilateral forum for debate and proposals on food and nutrition security. Brazilian international cooperation and the Brazilian National Council on Food and Nutrition Security (CONSEA) have been constantly asked about the experience by other countries.

By deciding to tell this story, Oxfam and Abrandh hope to contribute to its dissemination as well as to the multiplication of the capacity of different societies to achieve concrete and lasting results in the fight against hunger and poverty, through democratic means by combining active citizenship and effective public policies.

Enjoy your reading and let's get to work!

Objectives and scope of the document

This document describes the process of formulating a public system to respect, protect, promote and provide the right to adequate food. The document intends to contribute to civil society organizations and social movements as well as to public and private sector agents interested in learning about the strategies that Brazil is adopting to fight hunger and poverty and promote food and nutrition security and sovereignty. Brazil has tried to "do things differently" by establishing effective public policies to increase access to adequate food, ensure income redistribution, and create opportunities for socially vulnerable families and individuals.

The extreme inequality that characterizes Brazilian society has its roots in the very history of the country, exemplified by the high concentration of land ownership, which dates back to the early days of colonization and persists to date. The legacy of slavery is also seen in the discrimination against blacks and indigenous peoples. A significant number of poor people living in very precarious conditions have always been proof of the inequality that exits in the country, which until recently was unable to provide decent living conditions for its population as a whole.

This document provides a brief historical review to show that the current stage of political and social organization in the country with regard to food and nutrition security results from the desire to change this situation by part of Brazilian society. The document presents the progress made in this field and shows that, above all, civil society organizations have pressured and contributed decisively to the participatory construction of the governance that currently exists in this field. The study describes the history behind the creation of the National Food and Nutrition Security System (SISAN) in its present form, which originates in the activism and commitment of political, social and intellectual leaders to the fight against hunger and the defense of human rights, triggered by the process of democratization of Brazilian society in the 1980s.

SISAN's mandate is to structure the entities of the Brazilian State and establish formal forums for social participation through public policy councils called Councils on Food and Nutrition Security (CONSEA), which in turn are charged with submitting proposals for public policy design, monitoring and evaluation. It is important to emphasize that all this has been accompanied by a human rights approach, which in conjunction with the permeability of the Brazilian State has enabled social actors and movements to actively participate in public policy management. The human rights approach has been a great ally of democracy by placing the dignity of human beings and their empowerment at the center of discussions on public policy and in the relations between government and civil society. This approach equips individuals and groups with the tools they need to fight for the individual and collective rights that enable them to exercise their citizenship.

The document discusses the current characteristics of the government bodies that make up SISAN, such as the National Conference on Food and Nutrition Security; the CONSEA(s) network (National, State and Municipal CONSEAs); and the Interministerial Food and Nutrition Chamber (CAISAN). It also describes how these entities are organized to meet the challenges and address the hegemonic market sectors that threaten or violate the human right to adequate food in addition to presenting the instruments that make up the legal framework governing the human right to adequate food in Brazil.

Food and Nutrition Security and the Human Right to Adequate Food: the path taken

The construction of the National Food and Nutrition Security System (SISAN) was not a singular political decision of a government, but rather a process shared with civil society, resulting from two decades of social mobilization and struggle that combines institutional participation with the autonomous mobilization of social organizations and networks.

Civil society has long-advocated for concepts and proposals that led to the current design of SISAN. Grassroots movements have mobilized around the issues of hunger, reflection and criticism of existing agricultural production models, food supply, and public food and nutrition programs. There have been many attempts to formulate public plans and policies, even in times of political and economic hardship (PELIANO, 2010). But it was undoubtedly the pioneering work of Josué de Castro in the 1940s that triggered the debate on the problem of hunger and poverty in Brazil as a social and political issue.

Since then the food problem has been understood as a set of simultaneously biological, economic and social manifestations. At the time, it also became clear that eradicating hunger required above all the political decision to do so. Josué de Castro warned that hunger was not simply a public health problem (lack of nutrients) or a problem restricted to the social area (welfare policies). He was the first intellectual to report hunger as a product of both underdevelopment and an economic model that perversely perpetuated appalling living conditions, high rates of malnutrition among children and adults stemming from poverty, and the consequent lack of access to drinking water and adequate food that affected most of the Brazilian population (CASTRO, 2005). Castro had the courage to tackle the issue of hunger, which until then had been a taboo in Brazil and in many parts of the world.

Based on a diagnosis by Castro in the 1940's-1950's, the first collective food services were created, the minimum wage was introduced in the country and the "School Food Campaign" – currently the National School Food Program (PNAE) - was established. These are some examples of his political contributions.

In 1964, Brazil underwent a coup that established a military dictatorship that lasted 20 years (1964-1984). The period was marked by successive military presidents who ran an authoritarian and undemocratic regime, coupled with harsh repression of individual and collective freedoms. At the time there was a massive suppression of basic civil and political rights such as the right to vote, freedom of speech, and freedom of the press and political organization among others. During the 1970s, a period dubbed "The Brazilian Miracle", the country experienced significant economic growth, but there was no significant change from the social point of view, since the wealth generated failed to reach the poorest segments of the population. The economic justification of the regime was that it would be necessary to "make the pie bigger" before dividing it. What actually happened was an increase in social inequality and the expansion of public 'handouts' and compensatory policies. Brazil then became one of the most unequal countries in the world.

The range of human rights violations, the strong repression imposed by the regime, and the situation of poverty in which the majority of the Brazilian population lived, led at the time to strong outrage and motivation among civil society groups that struggled to change that reality. Despite the limitations of social demands and channels for participation, there was resistance through social movements organized on the outskirts of big cities, as well as unions and professional associations, activists and politicians linked to left-wing sectors and groups linked to universities. Thus, the period of greatest political and social repression was also a period of great mobilization of Brazilian civil society for the end of the dictatorship, direct elections and restoration of democracy.

From 1985 onwards, the political struggle for democracy and rights that had intensified at the beginning of the 1980s led to the transition from military dictatorship to civilian rule, a period during which civil society organizations actively fought for the restoration of the rule of law. There is no doubt that popular mobilization and pressure from various segments of civil society were critical to the success of the redemocratization process. The emergence of a broad social movement against hunger and for food and nutrition security from a citizenship perspective was part of that process.

The drafting of the 1988 Constitution was one of the periods of greatest intensity and plurality of debates ever experienced by Congress, with the participation of hundreds of interest groups, rural and urban organizations, leaderships and social movements, unions, professional associations, public and private sectors, churches, and traditional peoples and communities. Minorities that used to be totally excluded from society such as indigenous peoples, traditional communities, people with specific diseases like Hansen's disease, mental, tuberculosis, persons with disabilities, and sex workers among other relevant segments of Brazilian society were also represented. All the leaders of these groups strongly influenced the text of the Federal Constitution adopted in 1988, which is the current Brazilian Constitution.

The 1988 Federal Constitution is one of the most important results of that struggle and reflects the central importance of democracy and social participation in that political context. The various constitutional provisions on institutional channels for social participation that recommend holding referendums and plebiscites, in addition to popular initiatives related to laws and public hearings are some examples of this. In this same vein, the participatory budget and public policy councils were established later on in many government areas.

This brief history of the social struggle for democracy in Brazil (still under construction) reminds us that if we live today in a more democratic society, enjoy freedom of vote, speech, organization and public participation, this is due to the political struggle and social participation of many who gave their lives to this cause. It should also remind us that a mobilized, politicized, empowered and organized society can change its reality.

> "Since its democratization, Brazil has introduced extraordinary innovations in the field of food and nutrition security by expressing the intense social dynamic that was, and still is, behind its construction. Currently the country has public policy aimed to ensure the human right to adequate food. This policy is anchored in a public system that involves government and non-governmental players. While the challenges are huge, since we are far from solving our problems, significant advances have been made and this experience needs to be shared with other countries."
>
> **Nathalie Beghin**, economist, policy coordinator at INESC and civil society counselor at National CONSEA

Contributions from the Health sector and other social fields

The strong popular mobilization in the field of public health organized by the

"Health Reform"[1] movement for the creation of the Unified Health System (SUS) played a decisive role in the design of the SISAN as it is today, although the two systems have followed very different social and political paths. The 8th National Health Conference held in 1986, in addition to building the body of doctrines and practical proposals has also contributed to defining the core elements of the new health system to be established (BRAZIL, 2006). The final report of the 8th Conference highlights the major elements proposed by the Public Health Reform Project: a) expansion of the concept of health; b) recognition of health as a right of the people and obligation of the State; c) creation of the Unified Health System (SUS);d) guaranteed social participation and control within and in the management of the system; and e) establishment and expansion of the social policy budget, where the Health Policy was included (PAIM, 2008). The formulation envisaged for the field of Food and Nutrition Security twenty years later (in 2006, the Framework Law on Food and Nutrition Security was approved), was very similar.

The First National Conference on Food and Nutrition, whose final report already proposed the formulation of both a National Policy and a Food and Nutrition Security System as well as the creation of a National Council was held in the context of the 8th National Health Conference of 1986. Back then, the health sector led the discussion and coordination of public policies against hunger from the perspective of its perverse impacts (malnutrition) on public health (LEÃO; CASTRO, 2007). Also, in the final report of this Food and Nutrition Conference, the issue of "food as a right" was already being addressed in participatory debates, the concept of "food and nutrition security" was being outlined, and the creation of

---

[1] "The Brazilian Health Reform emerged from the struggle against the dictatorship under the theme'Health and Democracy', and was structured in universities, in the unions' movement, and the regional experience of service organization. This social movement was consolidated in the 8th National Health Conference in 1986, when for the first time ever more than 5,000 representatives from all segments of civil society discussed a new health model for Brazil. The result was the guarantee in the Constitution, by popular amendment, of health as a right of citizens and a duty of the State. "Sérgio Arouca, 1998. Available at: http://bvsarouca.icict.fiocruz.br/sanitarista05. html, accessed on 05/31/2012.

a "National Food and Nutrition Security System" was proposed.

Several other documents produced since the 1980s have contributed to the proposals approved at the Second National Conference on Food and Nutrition Security (2004). Special mention should be made of the proposal for a National Food Security Policy (1985) under the Ministry of Agriculture, which materialized in the document prepared by the so-called Parallel Government (1991) mentioned below and to the Brazilian National Report to the World Food Summit (1996) prepared by the Brazilian Government with the participation of civil society. Social mobilization around this Summit was the seed of the Brazilian Forum on Food and Nutrition Sovereignty and Security (FBSSAN), which involves organizations, social movements, people and institutions actively engaged in the field of food and nutrition sovereignty and security. The topic gained decisive visibility when it was incorporated by the Movement for Ethics in Politics in a broad national mobilization called "Citizens Action against Hunger and for Life" (MENEZES, 2010).

These contributions led to the adoption of the following guidelines for the creation of National Food and Nutrition Security System: a) development of a comprehensive "food and nutrition security " concept specific to the Brazilian reality; b) recognition of food as a human right and therefore a duty of the State; c) creation of a public food and nutrition security system (SISAN); d) social participation and control within this system and management thereof; and e) establishment a specific budget for managing the system through increased funding for food and nutrition public policies.

Contributions from civil society and the origins of the Zero Hunger Project

In the early 1990s, in the wake of the defeat of left-wing parties in the 1989 elections, a group of activists organized the so-called "Parallel Government", which was coordinated by the future President Lula with the aim of monitoring the actions of the then elected government and present alternative proposals deemed more appropriate to the project of reconstruction of the Brazilian nation. Among these was the proposal for a "National Food Security Policy for Brazil," presented to society in 1991 with the goal of "guaranteeing food security by ensuring that all Brazilians at all times have access to the basic food they need". This document also referred to the creation of a National Food and Nutrition Security Council, and provided the basis for the first and brief experience of a National Food and Nutrition Security Council (CONSEA), which operated between 1993 and 1994 and was formed at the time by 10 State Ministers and 21 civil society representatives appointed by the president from nominations of the Movement for Ethics in Politics. The Council was chaired by civil society, and the executive secretariat for government actions was located at the Institute for Applied Social Research (IPEA) (SILVA; SILVA, 1991).

Later, a similar initiative came from the Instituto Cidadania (Citizenship Institute), a non-governmental organization,that presented a new proposal for a national food security policy relying on contributions from hundreds of experts and civil society activists in response to the worsening of the situation of poverty and social vulnerability enhanced by the economic crisis and the rise in unemployment in the late 1990s. The document titled Zero Hunger Project later became the government program of the same name that was implemented from the early days of Lula's government in 2003 (TAKAGI, 2010).

The Zero Hunger Project emerged from the evidence at that time that 44 million Brazilians (28% of the population) were vulnerable to hunger and the country still did no have a public food and nutrition security policy in place (TAKAGI, 2010). It also took into account that the hunger that plagued this segment of the population was more closely related to the lack of access to food due to insufficient income than to the unavailability of food, since the country's food production was already far above the per capita food consumption needs of the population .

All these proposals were exhaustively debated throughout the 1990s and early 2000s and resumed in 2003 in the wake of the Zero Hunger Project, a strategy adopted by Lula's administration to fight hunger. At the same time the National Council on Food and Nutrition Security (CONSEA) was reestablished. The Second National Food and Nutrition Security Conference was held in Olinda (Pernambuco) in 2004, under the slogan: "For the construction of a National Food and Nutrition Security Policy" (MALUF, 2010).

Figures 1 and 2 below seek to show the main concepts of hunger and the topics of the four National Food and Nutrition Security Conferences held to date, which reflect mainly the demands of civil society and provide a brief idea of the socio-historical phenomenon that preceded the creation of SISAN in 2006 through the approval of the Framework Law on Food and Nutrition Security[1].

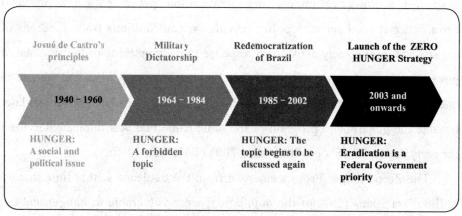

Figure 1   Timeline of the different approaches to fighting hunger in Brazil

① BRAZIL. Law No. 11346 of September 15, 2006. Creates the National Food and Nutrition Security System (SISAN) with the aim to ensure the human right to adequate food among other provisions. Available at: http://www4.planalto.gov.br/consea/legislacao/lei-no-11-346-de-15-de-setembro-de-2006/ view. Accessed on 06.13.2012

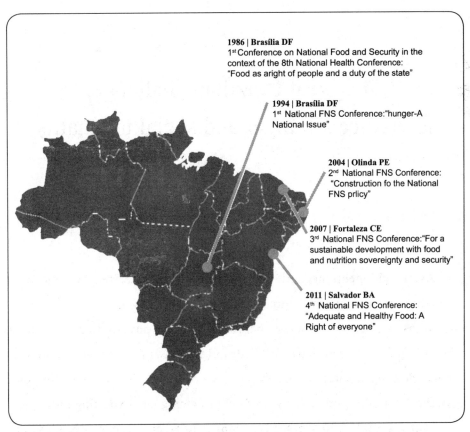

1986 | Brasília DF
1st Conference on National Food and Security in the
context of the 8th National Health Conference:
"Food as aright of people and a duty of the state"

1994 | Brasília DF
1st National FNS Conference:"hunger-A
National Issue"

2004 | Olinda PE
2nd National FNS Conference:
"Construction fo the National
FNS prlicy"

2007 | Fortaleza CE
3rd National FNS Conference:"For a
sustainable development with food
and nutrition sovereignty and security"

2011 | Salvador BA
4th National FNS Conference:
"Adequate and Healthy Food: A
Right of everyone"

**Figure 2   National Foof and Nutrition Security Conferences(1986-2011):
the social building of SISAN in Brazil**

2

The great Brazilian challenge:
to eradicate hunger and social inequality

As already mentioned, Brazilian society is characterized by high social inequality and a significant number of poor people living in very precarious conditions, millions of whom are below the extreme poverty line and without adequate means to purchase food. Brazil has always been an example of the paradox represented by the coexistence of hunger and malnutrition on a massive scale, alongside a thriving food producing and exporting industry.

Many social indicators have improved over the past decades, and more intensively and consistently since 2000. Between 2004 and 2009, the share of Brazilians living in families with incomes equal to or greater than one minimum wage *per capita* rose from 29% to 42%, from 51.3 to 77.9 million people (BRAZIL/IPEA, 2011). The population in income range corresponding to the extremely poor, poor and vulnerable has declined in absolute numbers. The stratum with the greatest relative reduction (44%) was that of the extremely poor, which fell from 15.1% to 8.4% between 2004 and 2009. There was a real growth in average *per capita* income of 22% over the same period, a phenomenon that occurred in all Brazilian regions but was stronger in the Northeast, the poorest region in the country. In the case of Brazil, the 1st Millennium Development Goal (UN) of reducing extreme poverty by half the 1990 rates by 2015 was achieved in 2006 (from 22.1% in 1990 to 10.8% in 2006) and therefore nearly a decade in advance. However, it must be pointed out that about 8.4% of the population still lived in extreme poverty in 2009 (Chart 1) (BRAZIL, SAE, 2011).

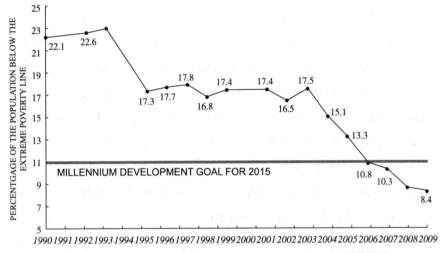

Chart 1   Temporal evolution of extreme poverty: Brazil, 1990-2009

Source: Estimates based on the National Household Survey (PNAD) 1990-2009 available at: BRASIL. Presidência da República. Secretaria de Assuntos Estratégicos (SAE). Barros, R, Mendonça, Re Tsukada, R. Portas de saída, inclusão produtiva e erradicação da extrema pobreza, no Brasil. Brasília, 2011.

The *Bolsa Família* Program (PBF)

The strong growth in the incomes of the poorest stems mostly from the improvement and appropriate targeting of cash transfer programs in Brazil, in particular the *Bolsa Família* (Family Grant - PBF) Program.The PBF is a direct cash transfer program conditional on some requirements aimed at fami-

---

①   In June 2012, the minimum wage in Brazil was R$ 622.00, equivalent to U$ 306.92. Quotation from Central Bank of Brazil: 2,0266 Real-Brazill = 1 US Dollar. accessed on: on 06.05.2012.

lies living in a situation of extreme poverty, with a monthly *per capita* income of up to R$70 (US$34.65) and in a situation of poverty with a monthly *per capita* income from R$70.01 (US$34.66) to R$140 (US$54.48). The main legal frameworks of the program are: Law 10836 of January 9, 2004 and Decree No. 5209 of September 17, 2004.

The PBF was created in the context of the Zero Hunger Strategy, which aimed to ensure the human right to adequate food by promoting food and nutrition security and contributing to the eradication of extreme poverty and the achievement of citizenship by the portion of the population most vulnerable to hunger. Currently the PBF Plan is part of the Brazil without Extreme Poverty Program (Brasil Sem Miséria), which has its focus on the 16 million Brazilians with a monthly *per capita* household income below R$70. The Program benefits more than 13 million families nationwide, and the monthly benefit of R$70 is transferred to extremely poor families.

The Program is based on the combination of three essential dimensions for eradicating hunger and poverty: 1) promoting the immediate relief of poverty through the direct transfer of cash to the families; 2) strengthening the exercise of basic social rights in the areas of Health and Education through the fulfillment of certain conditions (families must ensure school attendance and health controls in the public health network, while the State must ensure the provision of public policies), thus helping families to break the cycle of intergenerational poverty; and 3) coordinating complementary programs aimed at the development of families, so that *Bolsa Família* beneficiaries can overcome the situation of vulnerability and poverty. Management of the *Bolsa Família* Program is decentralized and shared by the Union, States, Federal District and municipalities.

Available at: http://www.mds.gov.br/bolsafamilia. Accessed on 7.25.2012

Progress can also be seen in the evolution of some social indicators: improvements in education through the increase in the average years of schooling, which rose from 5.2 years in 1992 to 7.4 years in 2008; reduction in the infant mortality rate, which fell from 47.1 to 19.0 deaths per thousand live births (a reduction of about 60% in 18 years) between 1990 and 2008; a significant decrease in malnutrition in children under 5 years, although important regional, racial and ethnic inequalities persist, as shown in Figure 2. Based on these data, it is clear that the complete eradication of hunger and improvements in the living conditions of certain segments of the population remain a goal to be gradually pursued in Brazil (CONSEA, 2010).

> "Food security depends on the commitment and effort of governments and all peoples and nations."
>
> **Dourado Tapeba**, indian, civil society counselor at National CONSEA

A challenge still far from being met is related to indigenous peoples, because they are marginalized and have real difficulties accessing key public policies (health, education, social security, access to land, etc.). The First National Survey of the Health and Nutrition Status of Indigenous Peoples[1] conducted by National Health Foundation (FUNASA) (2008-09) aimed to assess the health and nutrition conditions of the indigenous population. The study showed that 26% of the children surveyed were affected by stunting. In the northern region of the country, where most of these peoples live, 41% of the children had the same problem, a condition

---

[1] Survey conducted by the National Health Foundation (FUNASA), Ministry of Health, which included a sample of 6,707 indigenous women and 6,285 indigenous children living in 113 villages. The survey was conducted with the support of the ABRASCO Consortium (Brazilian Association of Graduate Health Studies) and the Institute of Ibero-American Studies, Goteborg University, Sweden.

that is unacceptable considering the current social and economic situation in Brazil.
Infant mortality rate was 44.4 deaths per thousand live births, about 2.3 higher than
national average for the same year. (BRAZIL, MS, 2009)

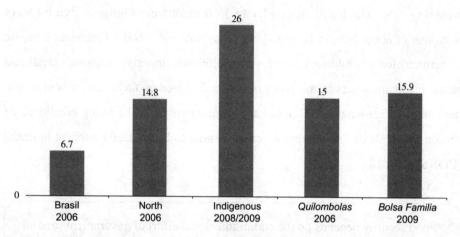

**Chart 2   Differences in the prevalence of low height-for-age (%) among children under
5 years old, according to the situation for the general population of Brazil and the North
Region, indigenous Peoples and *Quilombola* Communities.**

Sources: Survey conducted by the National Health Foundation (FUNASA), Ministry of Health, which
included a sample of 6,707 indigenous women and 6,285 indigenous children living in 113 villages. The survey was conducted with the support of the ABRASCO Consortium (Brazilian Association of Graduate Health
Studies) and the Institute of Ibero-American Studies, Goteborg University, Sweden.

Anothe raspect of inequality to be considered is gender: women are the
most affected by extreme poverty, illiteracy, health system failures, conflicts, and
sexual violence. In general, women receive lower pay for the same work as men,
participate less in key decision-making areas, are more present in the informal
economy, and work double shifts (domestic work). The work of women family
farmers and peasants, who are known to contribute significantly to the production
of food for the population as a whole, is also invisible and these women are strongly
discriminated against when trying to participate and having a voice in their families
and communities. It is also known that among the poor, rural women and children
are often the groups most affected by malnutrition due not only to unequal food

distribution within the family but also to overwork (agricultural and domestic work) (SILIPRANDI, 2004).

> "In a country where the black population is close to 48% and inequalities revolve mainly around this population, sometimes due to the slave regime "abolished" at least 135 years ago and others to the dictatorship overthrown less than 40 years ago, it is crucial that those concerned realize the consequences of that regime and join efforts around public policies so as to overcome the challenge of eradicating hunger and social inequalities. Like CONSEA, a valuable democratic space for coordination between civil society and government in the promotion of the populations that are at this stage of high vulnerability."
>
> **Edgard Ap. Moura**, researcher and member of the Black Social Movement, civil society counselor at the National CONSEA.

3

A new governance to ensure the human right to adequate food

As already seen, the National Council on Food and Nutrition Security (CONSEA) was reestablished in 2003. Although its composition now includes government representatives, most of its members come from civil society. Since then, the debate between government and civil society on food and nutrition security as a human right has gained momentum. The process was driven forward by the need to advance an institutional development model that included the intersectoral approach in government actions as well as the role assigned to social participation. Since then, legal and institutional foundations that respect, protect, promote and originate in the human right to adequate food have been developed and implemented.

The Framework Law on Food and Nutrition Security (LOSAN) approved in 2006, by National Congress, is the main instrument on the issue in the country, and provided for the creation of the National Food and Nutrition Security System (SISAN) with a view to ensuring the human right to adequate food. It is the charter that shows the path to be taken by the nation in the field of food and nutrition security. It establishes the principles of the system: universal access, equity, autonomy, social participation and transparency.

LOSAN: Art. 8 - SISAN shall be ruled by following principles:

I-Universal and equal access to adequate food without any form of discrimination;

II-Preservation of the autonomy of and respect for the dignity of all;

III-Social participation in the formulation, implementation, follow-up, monitoring, and control of food and nutrition security policies and plans at all government levels; and

IV-Transparency in all programs, actions and public and private resources and in the criteria for allocation thereof.

The Framework Law recommended the development of a National Food and Nutrition Security Policy and Plan. The Policy is the most practical and operational expression of the guidelines issued by Framework Law, since it contains the procedures for its management as well as mechanisms for funding, monitoring and evaluating State actions. The Food and Nutrition Security Plan, in turn, is the basis for planning government actions and contains programs and actions to

FRAMEWORK LAW ON FOOD AND NUTRITION SECURITY
Charter of principles
Issues the guidelines for State action
Establishes the National Food and Nutrition Security System (SISAN)

NATIONAL FOOD AND NUTRITION SECURITY POLICY
Systematizes the guidelines of LOSAN (on implementation)
Details management, funding and monitoring/evaluation procedures
Establishes the duties of the Union, States, Federal District and Municipalities

NATIONAL FOOD AND NUTRITION SECURITY PLAN
Planning instruments
Defines objectives, challenges, guidelines and targets
Allocates public budget funds

Figure 3 Legal instruments to ensure the human right to adequate food

be implemented, as well as quantified targets and the time required for achieving them. The Plan is also linked to the public budget, as it defines how and where the resources will be used.

What is the National Food and Nutrition Security System (SISAN)?

SISAN is the public system that brings together various government sectors to coordinate policies that have the common goal of promoting food and nutrition security and decent access to food for the entire population. Brazil has taken the path of managing public policy from the standpoint of integrated and coordinated systems to ensure human rights, always including social participation in the formulation, implementation and control of public actions.

LOSAN: Art. 9 - SISAN is based on the following guidelines:

I–Promoting intersectoral governmental and non-governmental policies, programs and actions;

II–Ensuring the decentralization and collaborative coordination of actions within government ;

III–Monitoring the food and nutrition situation, with the aim of contributing to the management cycle of policies for the area with different government bodies;

IV–Combining direct and immediate measures to ensure the right to adequate food, through actions that improve the autonomous subsistence capacity of the population;

V–Coordinating budget and management; and

VI–Encouraging the development of research and the training of human resources.

The management bodies of SISAN are:

- The National Conference on Food and Nutrition Security – forum that meets every four years to provide CONSEA with guidelines and priorities of the National Food and Nutrition Security Policy and Plan as well as to evaluate SISAN;

- CONSEA (National Council on Food and Nutrition Security), an immediate advisory body to the President;

- CAISAN (Interministerial Food and Nutritional Security Chamber) formed by State Ministers and Special Secretaries responsible for the areas related to the implementation of Food and Nutrition Security;

- Food and Nutrition Security agencies and entities in all governments levels: Federal, States, Federal District and Municipalities; and

- Private institutions, whether for profit or not, which express interest in joining in and meet the criteria, principles and guidelines of SISAN.

HIGHEST SISAN MANAGEMENT FORUMS AT FEDERAL LEVEL

NATIONAL FOOD AND NUTRITION SECURITY CONFERENCE
Approves the guidelines and priorities for the Food and Nutrition Security Policy and Plan.
Participants: 2/3 from civil society and 1/3 from the government. All 27 federative units or States are represented.

CONSEA
Proposes guidelines and priorities according to the deliberations of the Conference and establishes the budget necessary for the Food and Nutrition Security Policy and Plan.
Members: 2/3 of the counselors come from civil society and 1/3 from the

---

government.

CAISAN

Based on the guidelines issued by CONSEA, prepares the Food and Nutrition Security Policy and Plan, establishing: guidelines, targets, funding sources and follow-up, monitoring and evaluation tools.

How the Policy, the Plan and the National System are inter-related

The System, the Policy and the Plan are like parts of the same engine, which together seek to give a concrete meaning to the principles of the Federal Constitution and LOSAN regarding the realization of the human right to adequate food. The system is the structuring element of the composition, providing coordination between sectors in the respective bodies, and inter-federal relations between the federal, state, district and municipal levels. The system takes shape through public food and nutrition security policies, which are the basic elements and the most relevant aspects of its structure since it is public action coming out of the offices of state bureaucracy and reaching the community to change the lives of rights holders.

The complexity and diversity of public food and nutrition security policies reinforce the relevance of the systemic approach, which among other positive aspects, ensures greater rationality, an integrated view of the problems of the population, and cost-effectiveness, as it avoids the overlapping of programs and facilitates the convergence of actions of different sectors.

The Food and Nutrition Security Policy and Plan are elements that implement the organized action of the system, by enabling a more accurate understanding of what will be done, how it will be done, who the public actors

LOSAN: Principles and guidelines

POLICY: What will be done

PLAN:How will it be done? (goals, timeline,resources and responsible entities)

Figure 4   Inter-relation between the Policy, the Plan and the System

responsible are and what are their obligations, who the social actors are (rights holders of policies), when it will be done and with which human, material and financial resources.

Food as a constitutional right

The passing of Constitutional Amendment 64 by Congress in 2010 became a hallmark in the legal framework of SISAN, by including the right to food among the social rights of all Brazilians together with education, health, labor, and housing among others. Food as a constitutional right requires the State to review its actions related to Food and Nutrition Security as well as social security policies and how they are developed.

The right to food as a constitutional right requires an approach that reaffirms the right of each person to be the "owner" - and not just a "beneficiary"-of public policies aimed at ensuring food and nutrition security. That is, people who for whatever reason have difficulty accessing adequate food, now have their rights guaranteed by the Constitution, and government may be held accountable for failing to realize this right (ABRANDH, 2012).

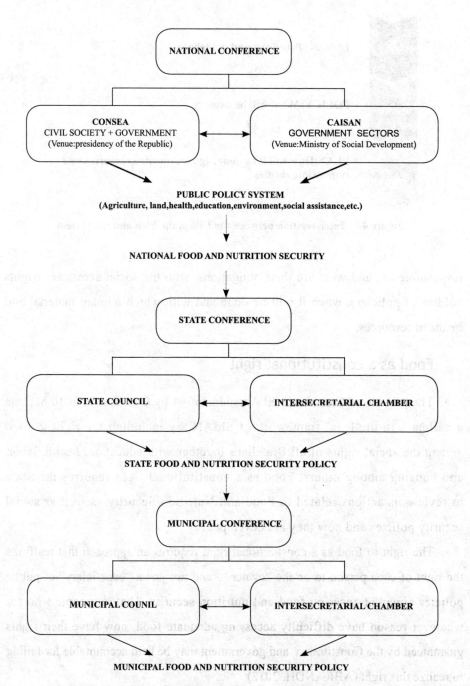

Figure 5   Structure of the National Food and Nutrition Security System

Regulatory Framework of the human right do adequate food

Figure 6 shows the set of legal instruments that make up the regulatory framework of the human right do adequate food in Brazil. Social participation - both in the formulation and social control of the various initiatives - is an important feature of the process of formulating public policies in food and nutrition security in Brazil, and has been ensured by the exercise of participatory democracy promoted by the National, State and Municipal Conferences and the Councils on Food and Nutrition Security that exist at Federal and State levels and are already present in many municipalities. (ABRANDH, 2010)

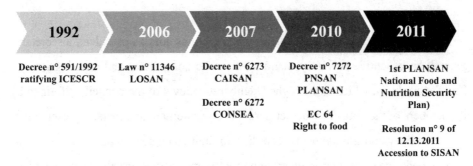

Figure 6   Regulatory Framework of the human right do adequate food in Brazil

What is CONSEA and how does social participation take place?

CONSEA is comprised of a plenary body (counselors), a president, a secretary-general, an executive secretary, standing thematic committees and working groups. The plenary body, which is the highest deliberative level of the council, is formed by all members of the council, whether permanent or alternate members, representatives of civil society and government, according to the percentages explained below. The plenary body meets ordinarily every two months and extraordinarily when necessary. Each permanent member has the right of voice and one vote in the council, whereas alternates and guests / observers have only the right of voice. (See table in Annex I - Composition of the National CONSEA, according to social groups and representative bodies, members of government and observers - Term 2012-2013.)

This is an important exercise in participatory democracy which entails social participation in the construction of public policies in the country. It involves a learning process that requires improving the capacity of civil society representatives participating in councils and conferences to develop proposals. It also requires willingness from government representatives to ensure that their actions are presented and evaluated in institutionalized public forums of social participation, such as public policy councils. The councils give visibility to the different social sectors, enable the emergence of different views and interests, and also highlight existing conflicts and polarized differences not only between but also within government and society.

CONSEA has specificities as regards its constitution and actions. The first of such specificities stems from the intersectoral approach to food and nutrition security, which requires an institutional location of the council that promotes dialogue between the various government sectors, as well as an equally diverse representation of the social sectors. This realization led CONSEA to be established in the Presidential Palace, as a way of expressing the political priority given to the fight against hunger and the promotion of food and nutrition security. The proposal of establishing the state and municipal CONSEA(s) within the Office of the Head of the Executive Branch of the respective level of government (State Governor or Mayor) follows this same direction.

Another peculiarity is the adoption of criteria for representation that seeks to compensate for the unequal relationship between the State and civil society organizations. For this reason, 2/3 of the National CONSEA members come from civi l society and 1/3 from different government sectors.Today, CONSEA is formed by 19 State Ministers and 38 representatives of civil society, who are joined by a dozen observers representing international organizations and other national councils. Equally important to the autonomy of the Council is the fact that the President of CONSEA is chosen among civil society representatives, and the General Secretariat is headed by someone from the Ministry with the largest number of actions related to food and nutrition security, namely the Ministry of Social Development and Fight against Hunger. This composition is being adapted to state and municipal CONSEAs. CONSEA also includes observer organizations, which have the right of voice and participation in debates[1]. The full composition of the Council is shown in Annex.

---

[1] Oxfam is one of the observers at CONSEA.

CONSEA has the status of advisory council to the President of Brazil and therefore its deliberations are of a propositional character, i.e., they are not mandatory for the Executive branch.This sensitive issue is sometimes controversial and some of the aspects involved are worth exploring in terms of learning about the challenges faced by social participation in public policy. In the case of food and nutrition security policies, it can be argued that the status of the advisory council results from the intention to adopt an intersectoral perspective in the formulation and implementation of corresponding programs. Thus, the apparent limitation of the advisory character provides for the possibility of submitting proposals - from as high as the Presidential Palace to the most different areas of government, almost all of which have their own social participation mechanisms.

The success in implementing the intersectoral perspective of food and nutrition security has enabled CONSEA to incorporate a significant share of government sectors represented by their respective ministries. More than the number of federal ministries, a national food and nutrition security policy includes many of the programs and actions of a government which, in turn, have their own deliberation forums, often with social participation in the form of sectoral public policy councils. Making them mandatory would entail giving CONSEA's deliberations a questionable precedence over other equally legitimate deliberation forums, including some with more experience and institutional maturity.

In this institutional framework, the effectiveness of CONSEA's proposals depends not only on the grounds and consistency of their contents, but mainly on specific factors in the field of politics, such as the close relationship with the aspirations of society and the search for coordination with other forums of social participation. Advances in the definition and operating mechanisms of an intersectoral food and nutrition security system must be developed under a complex process of dialogue and negotiation between areas of the different sectors of government involved, and seek the involvement of social organizations and networks in various fields.

The ability of CONSEA to intervene in public policies is not determined solely by its nature as an advisory council. The content, social basis and political clout of its resolutions are what determines whether these policies will be successful or not. To this end, the positions taken by the council should have significant support from society, since the existence of councils does not preclude social mobilization. Conversely, the Brazilian experience shows that the effectiveness of CONSEA - in fact, of public policy councils in general - is greater when there are autonomous civil society organizations participating in them, and when social networks and movements are capable of putting pressure on them. At the same time, the council should have high negotiation ability, in order to generate proposals that are likely to be approved and implemented.

Since 2003 CONSEA has been very successful in its operation.It was the forum where the Program for the Acquisition of Food from Family Agriculture (PAA) was designed and the proposal to develop a specific Harvest Plan for family agriculture was launched. The council established a working group formed by representatives of both civil society and government to draft the bill of the Framework Law on Food and Nutrition Security that embodies all human rights concepts, principles and perspectives, which for years had been advocated by civil society organizations in the field of food and nutrition security.

The council's action through direct negotiation with the President of Brazil was crucial to trigger the recovery of the *per capita* value of the school meal under the National School Food Program (PNAE), and played an important role in the drafting of new and advanced legislation for the program. Proposals to improve the *Bolsa Família* Program (conditional cash transfer) were also further discussed. The council was at the center of the initiatives that led to the design of the first National Food and Nutritional Security Plan, currently in its initial implementation phase. But there were also proposals that never came through, either because they represented a serious conflict with hegemonic dynamics - such as the recommendation for additional safeguards in the production and sale of genetically modified foods - or because they failed to get sufficient support within the federal government, as in the case of a national supply policy consistent with the food and nutrition security guidelines.

In short, food and nutritional security found a political platform that ensured forums for dialogue and meetings between civil society and federal government that have given visibility to the issue and to different views, thus contributing to the formulation of public policies. CONSEA led the mobilization and construction of a public agenda on food and nutrition security in Brazil, a task that was facilitated by the visibility afforded by the federal government to the issue through the corresponding programs adopted in the area, and whose formulation and implementation are high on the council's work agenda.

Hybrid forums of discussion between the State and civil society such as CONSEA are not exactly partnership forums, as they often involve tensions and conflicts, with the consequent search for possible consensus. Despite the low participation of the private sector and even of some social movements, the Council has achieved increased recognition in the country. It is also permanently addressing the challenge of improving procedures for consultation and appointment of civil society representatives, so as to ensure greater legitimacy and social diversity to social sectors and regions in the country, in terms of the various dimensions of food and nutrition security.

"CONSEA is the result of a clear political will to listen to the demands of society. It is the expression of the echoes of citizenship, the voices of the field, the forest, the city. A space for the exercise of democracy, dialogue between government and society, critical views, preparation of proposals, and monitoring of policies on food and nutrition security in its various dimensions sum-marized in the principle of intersectoriality."

Maria Emília Pacheco Lisboa (FASE and President of National CONSEA)

How CONSEA operates

The debates and formulations are held prior to the plenary session by the standing committees, which draft proposals for consideration by the plenary body. There are also working groups – of a temporary nature – which study and propose specific measures. The committees and working groups comprise a coordinator, a counselor representing civil society, who is chosen by members of the committee and assisted by technical staff linked to a government agency. Government specialists and representatives of guest entities, who are experts on the subject under discussion, may also participate in the committees.

The current standing committees for the period 2012 - 2013 are:

• Standing Committee 1: National Food and Nutrition Security System and Policy, which includes the Working Group on Indicators and Monitoring of human right to adequate food realization;

• Standing Committee 2: National and International Macro-Challenges, which includes the Working Group on International Agenda and Gender and Food and Nutrition Security;

• Standing Committee 3: Production, Supply and Adequate and Healthy Food, which includes the Working Group on Supply;

• Standing Committee 4: Human Right to Adequate Food;

• Standing Committee 5: Food and Nutrition Security of Black Populations and Traditional Peoples and Communities;

- Standing Committee 6: Food and Nutrition Security of Indigenous Peoples;
- Standing Committee 7: Consumption, Nutrition and Education.

Besides these committees, CONSEA also has a Standing Committee of Presidents of State CONSEAs, which is the fundamental link between the national and state levels of SISAN and, through it, with the municipal SISAN.

The definition of the Standing Committees is a periodic effort to improve the Council's structure, with a view to establishing discussion forums where the issues can be further reviewed and receive specific treatment, but without giving the approach a sectoral focus. Thus, the proposals of the Council, besides reflecting the intersectoral approach, also respond to the challenges and priorities of the national food and nutrition security policy and plan.

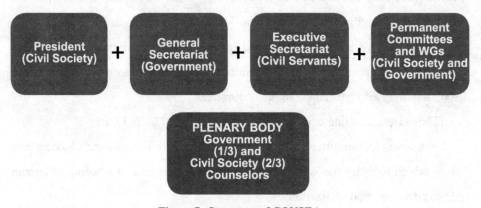

Figure 7 Structure of CONSEA

Instruments of intervention in public policies

The debate on controversial issues, with the idea of developing strategies for addressing them, is always very rewarding for everyone involved. Exercising participatory democracy means, above all, carrying out negotiations between the parties, and that is what is expected of counselors in a public council. A common perspective of all counselors is the view that hunger and poverty are the main causes of human rights violations and that the full realization of the human right to adequate food in Brazil requires a political, social and economic environment that is both stable and conducive to the implementation of the best strategies to eradicate hunger and poverty,based on the active and informed social participation of rights holders and on the accountability of duty bearers.

The following recommendations[1] should be implemented to ensure active and informed action in public councils:

Be fully familiarized with the reality of your community: In this regard, seek data, indicators and studies that prove the violation of rights (diagnosis of the situation). Get to know and coordinate with social organizations and movements.

Identify vulnerable groups: Find out what the most vulnerable segments of society are, what neighborhoods and communities are being most affected by violations of their rights. These people must have priority over all other members of society. As we know, human rights are universal, but in a situation of disaster and extreme poverty, public policies and services need to reach these people first (e.g. children, pregnant women and the elderly).

Identify which policies should be brought to your community: The first aspect is to know who the rights holders of public policies are. Authorities have the obligation to provide updated information on public policies, including reports on the fulfillment of targets, quotas and assistance criteria. The Internet can be a strong ally in this information process. Public transparency is a right of society and regulated by the Law on Access to Information[2] in Brazil.

Improve training and information on the Public Budget: Influencing and presenting effective proposals requires knowing the public budget. Get information from entities or civil servants that work on the theme. It is important to remember

---

① Resolution No. 3 of June 7, 2005. Available at: http://www4.planalto.gov.br/consea/legislacao/resolucao-no-3-de-07-de⁻junho-de-2005/view. Access on 7.27.2012.

② More information about the Law on Access to Information available at (in Portuguese): http://www.acessoainformacao. gov.br/acessoainformacaogov. Access on 7.27.2012.

that the public budget should always be authorized by the Legislature, which decides, through a law, how much and how public money can be spent. To influence, it is necessary to comply with the deadlines for preparing and voting the budget.

Demand from the State permanent investment in the capacity development of its executives as well as of working conditions, so that they can fulfill their obligations and responsibilities. Demand the active participation of government counselors in the council's activities.

Be aware of the circumstantial and urgent economic problems of your community: At times, critical situations may arise in some communities such as floods, natural disasters, urban violence, land disputes and others that require immediate action by public authorities. CONSEA can be one of the entities to demand that immediate action be taken to preserve the right to life of the people affected.

Monitor the processes of accession to and implementation of SISAN in your area: It is necessary to know all the legislation concerning this system. Taking hold of all legal instruments is a necessary step for these "laws" to become a reality.

Value new languages and forms of social participation, such as the symbols of different cultures and ethnicities, art and music. Consider the enormous potential of participation through new social media. These languages can greatly contribute to the processes of social mobilization and dialogue between government and civil society.

Gender inequality and food and nutrition security

We have seen that women and children are affected the most by conditions of social vulnerability. Therefore, special mention should be made of how this issue has been included on the agenda of the social movement for food and nutrition security in Brazil. The widespread recognition of gender inequality does not by itself lead to the implementation of initiatives to overcome it. The incorporation of women's rights in public programs as well as on the agenda of social movements requires ongoing efforts and pressure for the establishment of appropriate conceptual references and instruments. These references and instruments cover a wide area, including recognizing the responsibility and the various roles of women in the field of food and nutrition, without neglecting the fact that food-related issues should be the concern of society at large, including women's participation in decision making processes, as both subjects of policies and rights holders (SILIPRANDI, 2008).

Gender issues became the focus of attention in the early stages of CONSEA'S reestablishment in 2003, and in the Second and Third National Food and Nutrition Security Conference that followed in 2004 and 2007. Gender issues were incorporated in the form of representation criteria in the Council and Conferences, and in the form of proposals for special actions in public programs such as *Bolsa Família*, in which the money is transferred directly to women, and the Family Agriculture Credit Program (PRONAF), which has a credit line specifically for women.

One of the first and most significant outcomes of that initiative was the inclusion, among the outputs of the Fourth National Food and Nutrition Security Conference (2011), of the Political Charter of the Seminar "Women building food and nutrition sovereignty and security." The full text of this document, which is contained in the final report of the Fourth Conference, is available at: www. presidencia.gov.br/consea. Some of the issues addressed in the document include: a criticism of the patriarchal values of the development model; coordination with the ethnic-development perspective; recognition of the role of women in food production, in conjunction with the adoption of the agro-ecological approach; demand for visibility for the role of women as critical political subjects in the design of the food and nutrition security policy; existence of inequality indicators and of monitoring instruments for the design of gender equality policies.

However, the decision to start systematically addressing these issues within

CONSEA was only made in 2010/11, with the creation of a Working Group (WG) on Gender and Food and Nutrition Security. This WG, although specifically focused on the discussion of women's rights and food and nutrition sovereignty and security, must ensure that the existence of a specific forum for the discussion of gender issues does not exempt the various Council bodies from the responsibility of including this perspective in their own agendas.

Food and nutrition security: concepts and principles in Brazil

The contemporary Brazilian construction, drawing on contributions from the international debate on hunger, has sought to include food and nutrition security among the objectives of public actions and policies related to food and nutrition—whether governmental or not. The construction of this approach in Brazil, as in other parts of the world, combined the conceptual development of food and nutrition security with its recognition and dissemination as an objective of public actions and policies. The collective construction within SISAN and coordination between civil society and progressive sectors in government and in Congress succeeded in amending the Brazilian Constitution to include the right to a healthy diet and to food and nutrition security. Although the core element in the implementation of food and nutrition security is the formulation of public policies with social participation from state agencies, it also involves actions of a public nature by initiative of civil society.

The definitions of food and nutrition security are susceptible to different meanings and means for its implementation, involving a clear component of dispute when used to inform public policy proposals. The diversity of understandings and conflicts in this field involve governments, international organizations, representatives of productive sectors, civil society organizations, and social movements among others. However, different views do not preclude the construction of consensus or agreements, even if partial, aimed to implement food and nutrition security actions and policies, as is already the case in Brazil.

The table below shows the definition of food and nutrition security as enshrined in the Framework Law passed in 2006 and regulated in 2010 through Presidential Decree No. 7272. This definition emerged from a meeting of the Brazilian Food and Nutrition Security Forum in 2003 and subsequently approved at the Second National Food and Nutrition Security Conference held in Olinda (PE) in 2004. It collects contributions offered by social movements and governments throughout the development process of the concept in Brazil since the 1980s.

FOOD AND NUTRITION SECURITY

Food and nutrition security is the realization of the right of all to regular and permanent access to quality food in sufficient quantity, without compromising access to other essential needs, based on nutrition practices that promote health, respect cultural diversity and are socially, economically and environmentally sustainable.

(LOSAN, Art. 3, 2006)

Thus defined, "food and nutrition security" becomes a public, strategic and permanent goal, a feature that puts it among the core categories of a country's development options. From the beginning, the Brazilian formulation added the noun "nutrition" to the term most commonly referred to as "food security". The idea was to link the socio-economic and health and nutrition approaches that led to the evolution of this concept by expressing the inter-sectoral perspective. Another peculiarity is the unification of two actually inseparable dimensions-food availability and the quality of this food – into a single concept, without distinguishing physical availability (food security) from food quality in terms of safe consumption (food safety). The combination of both dimensions allows us to question the predominant models of production and consumption and the references to healthy food.

Food and nutrition security is understood as a goal of public actions and policies whose formulation, implementation and monitoring should reflect two fundamental principles: the human right to adequate and healthy food and food sovereignty. The link to these principles and the intersectoral nature of actions distinguish this approach from the common use of the term "food security" by many governments and international organizations and, above all, by entrepreneurial representations associated with large food production and processing corporations.

The concept of food and nutrition security is present in the right of all citizens to feel secure in relation to food and nutrition in aspects related to sufficiency (protection against hunger and malnutrition), quality (prevention of diseases associated with malnutrition) and adequacy (to social, environmental and cultural circumstances). A diet is appropriate when, in addition to being "nutritionally balanced" it also contributes to the development of healthy human beings, aware of their rights and duties as well as to their responsibility to the environment and the quality of life of their descendants.

The human right to adequate food should be ensured through food and nutrition security policies, which makes it the responsibility of both the State and society.

HUMAN RIGHT TO ADEQUATE FOOD

Adequate food is a fundamental human right, inherent in the dignity of the human person and indispensable for the realization of the rights enshrined in

---

the Brazilian Constitution, and the government should implement the policies and actions that may be necessary to promote and ensure the food and nutrition security of the population.

(LOSAN, Art. 2, 2006)

The Brazilian government and society have obligations toward the international legal rules on the right to food, such as: a) International Covenant on Economic, Social and Cultural Rights signed in 1966 and ratified by Brazil; b) General Comment 12 ("The Human Right to Food") adopted by the Office of the UN High Commissioner for Human Rights in 1999; c) Voluntary Guidelines on the Human Right to Food adopted in 2004 by the Council of the United Nations Food and Agriculture Organization (FAO). However, there are no effective instruments in place for the promotion and monitoring of and accountability for fulfilling these obligations, a known limitation of international agreements in various areas. The fulfillment of the many commitments undertaken during the World Food Summit in 1996 and its evaluation meeting, five years later, has also been limited.

When considering the international order, the goal of food and nutrition security is faced with sovereignty issues, usually addressed from the national sovereignty perspective. This reference, although important, is insufficient either to distinguish between the interests that coexist within countries—after all, they are not homogenous blocks—or to meet the challenges posed by the construction of a global food system. More promising is the concept of food sovereignty that has been disseminated mainly by social movements since the mid-1990s. It expressed the progress in social coordination at the international level, in response to the development of a global food system under the control of large corporations, in a context where national States lost the ability to formulate sovereign agro-food policies.

The World Forum on Food Sovereignty held in Havana (Cuba) in 2001 defined food sovereignty as:

FOOD SOVEREIGNTY

"... the right of peoples to define their own sustainable policies and strategies for the production, distribution, and consumption of food that guarantee the right to food for the entire population, based on small- and medium-scale production, respecting their own cultures and the diversity of peasant, fishing, and indigenous forms of agricultural production, of marketing, and of management of rural areas, in which women play a fundamental role."

The Framework Law on food and nutrition security included the food sovereignty perspective as shown below.

The realization of the human right to adequate food and the attainment of food and nutrition security require respect for sovereignty, which confers primacy to countries in their decisions on the production and consumption of food.

(LOSAN, Art. 5, 2006)

Thus, the promotion of food and nutrition security requires the sovereign exercise of policies relating to food and nutrition that go beyond a strictly commercial logic – i.e., beyond private regulation - to incorporate the perspective of the human right to food. The connection is therefore established between an objective of public actions and policies (food and nutrition security) and the principle (food sovereignty) that qualifies it. Food sovereignty also implies that the policies adopted on its behalf, particularly by the countries with the power to do so, will not compromise the sovereignty of other countries.

This risk is present in international agreements (on trade, investment, intellectual property,biodiversity,etc.) and in the dismantling of policies to promote and protect domestic industries and assets. International trade is not necessarily a reliable source for the promotion of food and nutrition security, and its role should be linked to the development strategies of countries.

Food and nutrition security is an objective that expresses a right concerning the entire population, is of a strategic nature, and should be sought on a permanent basis through the exercise of sovereign policies. Economic development processes are linked to the food issue for ethical,economic and political reasons,and this issue has a decisive influence on the social equity pattern of a society. The way countries respond to the various components of the food issue may either help or hinder these processes in the promotion of social equity and sustainable improvement in the nutrition and quality of life of their populations.

The approach to food and nutrition security that seeks to increase access to food while questioning the inadequate pattern of food consumption, suggests more equitable, healthy and sustainable ways to produce and sell food, and reclassifies the actions aimed at groups that are vulnerable or have specific dietary requirements. These three lines of action translate the search for food and nutrition security into a parameter for the development strategies of a country, together with sustainable development and social equity.

Access to food encompasses not only eating regularly, but also eating well, eating quality and adequate food according to cultural habits, based on healthy practices that preserve the pleasure associated with food. This perspective also applies to individuals or groups more vulnerable to hunger, because it's not just a matter of ensuring them any food. In addition, regular access to food may not represent a condition of food and nutrition security if the cost of food compromises access to other components of a decent life such as education, health, housing and leisure. This is a relevant issue in countries with high social inequality like Brazil.

On the side of food supply, the production of large quantities of food and adequate supply are no proof that the country is meeting the requirements of food and nutrition security both in immediate terms and in a long-term perspective. This depends on how food is produced, sold and consumed, as the approach to food and nutrition security takes into account the local, social, cultural and environmental aspects involved in these processes. Food supply is not dissociated from the social status of the populations and their relations with culture and the environment.

"In our daily lives we operate with a concept that seeks to address three dimensions and a methodological perspective. First is the food dimension, which relates to the continuous production and availability of food, in sufficient amounts, and under a sustainable perspective;second is the nutrition dimension related to the quality of food, its proper preparation and proper health care; third is the food sovereignty that guarantees each country the right to build food and nutrition security policies for its population. In methodological terms, this is built through an intersectoral intra and extra governmental process, with effective civil society participation."

Naidison de Quintella Baptista, executive coordinator of ASA, member of the Community Organization Movement (MOC) and civil society counselor at National CONSEA.

6

From the Zero Hunger Strategy to the Brazil without Extreme Poverty Program

The connection between the objective of food and nutrition security and development strategies, which is typical of the Brazilian approach, aims to take it out of the realm of merely compensatory or sectoral policies to convert it into State policy. What really matters is to eradicate hunger while eliminating the conditions that generate social inequality, such as low education and lack of access to health care services, housing, land, electricity, water and sanitation, among other conditions that are essential to the society in which we live. President Lula's administration, which started in 2003, was a timely political period that opened a wide window of opportunity that enabled a match between the interests of civil society with the objectives of a government plan that intended to incorporate this perspective. The creation of the Special Ministry of Food Security and Fight against Hunger – MESA (currently the Ministry of Social Development and Fight against Hunger - MDS), marked the definition of the fight against hunger as a State priority, and resulted in a set of crosscutting measures and policies that were organized across the ministries. The civil society agenda, historically constructed within the process of social and political mobilization, found a fertile ground for dialogue with the Zero Hunger Strategy, with the participation of various social sectors in its construction.

Transformed into a government program since the first Lula administration (2003-2010), Zero Hunger aimed to coordinate public policies and programs in the fight against hunger, in order to ensure the human right to adequate food and adopt the perspective of crosscutting and intersectoral actions in the three spheres of government, in addition to social participation. The State action was organized into four areas: access to food; income generation; strengthening of family farming; and social coordination, mobilization and control.

Within the approach of "vulnerability to hunger" or "exposure to food and nutrition insecurity" as measured by income level, Zero Hunger estimated its potential audience in 44 million people (27.8% of the country's overall population). Given the difficulties found in measuring hunger, extreme poverty and poverty, the solution was to estimate the "population vulnerable to hunger" according to income availability, based on data from the 1999 PNAD . There were 9.2 million families (21.9% of the total) distributed in the metropolitan areas (19.1%), non-metropolitan urban areas (25.2%) and rural areas (46.1%); among the heads of these families, 64% were pardo (brown) or black (INSTITUTO CIDADANIA, 2001).

The table below shows the broad and cross-sectoral principle that guided the Zero Hunger Strategy:

Axes, Programs and Actions of the Zero Hunger Strategy

1. Access to Food

- Access to Income: *Bolsa Família*
- Access to Food: School Meal (PNAE); Distribution of Vitamin A and Iron; Food for specific population groups; Food and Nutrition Education; Food and

---

① The detailed methodology can be found in the study commissioned especially for the Zero Hunger Project: "Poverty Pobreza e fome: em busca de uma metodologia para quantificação do problema no Brasil" - by Takagi, Del Grossi and Graziano da Silva (2001).

Nutrition Surveillance System (SISVAN); Workers Food Program (PAT)

• Local and regional food and nutrition security networks:

Popular Restaurants; Community Kitchens; Fairs; Urban Agriculture; and Food Banks

• Access to Water: Cisterns

2. Strengthening of Family Agriculture

• Financing of Family Agriculture (PRONAF): Agricultural Insurance and Harvest Insurance

• Food Acquisition Program (PAA)

3. Income Generation

• Social and Professional Qualification

• Solidarity Economy and Productive Inclusion

• Oriented Productive Microcredit

• Regional food and nutrition security Clusters: Rural Development Councils; CONSADs; Territories of Citizenship

4. Coordination, Mobilization and Social Control

• Social Assistance Reference Centers (CRAS) and Integral Family Care Program (PAIF)

• Public Policy Councils (CONSEAS and other Social Control Councils and Committees)

• Citizenship Education and Social Mobilization

• Grants

• Partnerships with Corporations and Entities

Source: ARANHA, AV. Fome Zero: a construção de uma estratégia de combate à fome no Brasil. In: Coleção FOME ZERO: uma história brasileira, vol. I. Brasília, 2010, p. 74-95.

Among the main social programs are *Bolsa Família* – a conditional cash transfer program[①]; the National School Meal Program, already mentioned; and a set of public food and nutrition facilities such as popular restaurants, food banks, community kitchens, and specific actions aimed at small farmers.

Assessments of *Bolsa Família* indicate that the families assisted spend their cash mostly on food. The data also attest to its effectiveness in increasing school attendance, including in secondary education; prenatal care for women; and reduced inequality. CONSEA recognizes the important role of the program in promoting the human right to adequate food.

Among the programs to support production are the Food Acquisition Program (PAA) and the National Program for Strengthening Family Agriculture (PRONAF).

The PAA was created in 2003 from a recommendation of CONSEA, as a public policy instrument that strengthens relations between food producers and consumers. Its main objectives are to support the sale of agriculture and livestock products from family agriculture, thus stimulating the production of food; and facilitate access to these products by families in a situation of food insecurity[②].

The program provides for the direct purchase of food from family farmers, agrarian reform settlers and traditional peoples and communities to supply government programs aimed at assisting populations in a situation of food insecurity; to promote actions for food distribution to the population in a situation of greater social vulnerability; and to build up strategic stocks.

Managed by the Ministry of Agrarian Development, PRONAF is operated by public banks and finances individual or collective projects submitted by family

---

① Cash transfers include spending by the federal government with the payment of welfare benefits (*benefícios previdenciários*),unemployment insurance (*seguro-desemprego*), salary bonuses (*abono salarial*) defined by the Organic Law of Social Assistance (LOAS) and *Bolsa Família* Program.

② PAA funds come from the Ministry of Social Development and Fight against Hunger and the Ministry of Agrarian Development. It is run by the Federal Government in partnership with the National Food Supply Company, states and municipalities.

farmers and agrarian reform settlers. The Program is divided into a series of components that respond to the Brazilian environmental diversity. It also reflects the level of organization of family agriculture movements.

When the Rousseff administration took office in 2011, it brought with it the possibility of broadening the focus of government actions which, guided in the Lula administration by the elimination of hunger, began to seek to eradicate poverty or extreme poverty in Brazil. Thus, in its first days the new government announced the actions under the new strategy titled "Brazil without Extreme Poverty Program." The program focuses on actions for the extremely poor who haven't yet succeeded in stepping out of extreme poverty, despite all the efforts of the Zero Hunger strategy. Since poverty has multiple dimensions and different forms of manifestation, the universe of those that can be considered poor in Brazil or in any other society is very heterogeneous. It is important to point out that access to food should still be a priority, as the conditions for access to food will always be among the parameters that measure the conditions of existence of individuals, families or social groups, particularly those living in extreme poverty.

The new program is expected to draw on the social legitimacy and integration experience in public policy already achieved in Brazil through the promotion of food and nutrition security in light of the principles of food sovereignty and the human right to adequate and healthy food. The National Food and Nutrition Security Plan launched by the Rousseff administration in August 2011 from a presidential decree signed by former President Lula, will be in force from 2012 to 2015.

CONSEA has suggested three types of contributions in the field of food and nutrition security for the eradication of extreme poverty, based on the following analyses:

Firstly, following the methodology of the Brazilian Food Insecurity Scale, the special PNAD supplement on food security of 2009 showed that the number of households in a situation of food insecurity fell from 34.9% to 30.2% between

2004 and 2009. Households classified as being in a situation of food insecurity are those whose members were experiencing some sort of food deprivation or at least had some concern about the possibility of deprivation due to lack of resources to purchase food (IBGE, 2010). Proposal: Universal cash transfers by the *Bolsa Família* Program and Social Security as well as access to education and health, coupled with specific policies for population groups such as indigenous peoples and other traditional peoples and communities, rural populations of the North and Northeast, populations living in the streets, and other forms of urban poverty.

Secondly, Brazil needs a supply policy in which the State plays an active role in the decentralized coordination of increased access to adequate and healthy food through the promotion of agroecology-based family production. Proposal: Promote profound changes in the ways to produce, sell and consume food by controlling the use of pesticides in a country that has become the world's largest market for these products; foster diversification in agriculture by encouraging agroecology practices; protect socio-biodiversity; defend the rights of family farmers; and ensuring agrarian reform and access to land and water. Rural families fulfill the dual condition of being both a social group with a high incidence of extreme poverty and food producers.

The third and fundamental contribution concerns strengthening both social participation and control of programs and initiatives, as seen in the field of food and nutrition security and other areas of public action in Brazil. It is possible and desirable that the commitment to building the National Food and Nutrition Security System through agreement between the three spheres of government and social representation will help to meet of the target of eradicating extreme poverty in our country. Forums of intersectoral participation such as CONSEA (at national, state and local level) provide a particularly useful mechanism for coordination between government sectors, between the three spheres of government and between government and civil society.

In all suggested actions, children, women and the elderly require special attention, particularly rural women workers and farmers, who are more vulnerable to poverty and have greater difficulty accessing public policies. It is known that family agriculture in Brazil provides about 70% of the food that reaches the table of the population, and certainly this production would not be possible without the work of women. Historically, the work of women farmers has no visibility and shows important asymmetries when compared with men's work. Women farmers are typically food providers not only because they grow the products directly on farms or backyards, but also because they are responsible for housework and child care. The organization and production of healthy food by rural women has given qualitative strength to the struggle for food and nutrition sovereignty and security through diversified and healthy production.

On the other hand, the promotion of adequate and healthy food requires educational actions associated with preventing and addressing health problems caused by a poor diet, through nutritional care within the Unified Health System and the regulation of food advertising. Official figures for 2009 show that 50.1% of adult men and 48% of women are overweight, while obesity affects 12.5% of men and 16.9% of women. Among adolescents, overweight affects 21.5% of boys and 19.4% of girls. The significant progress made to date in relation to hunger and malnutrition has been accompanied by the incorporation of these and other medical conditions among public health problems which, it should be noted, strongly affect the poorest and most deprived segments of the population.

The recent international food crisis puts food and agriculture at the center of global debates. High volatility in international prices of agricultural commodities and the upward trend in the domestic prices of food in many parts of the world, including Brazil, confirm the need to strengthen the regulatory role of the State and family-based production as integral parts of the National Food and Nutrition Security System provided for in Law 11346/2006. No eradication of extreme poverty will be successful when food prices are at the mercy of speculation and private interest.

Brazil also has responsibilities to fulfill as regards promoting the food and nutrition sovereignty and security of peoples, not just as a beneficiary of increased agrifood exports. In fact, Brazil has become a major global donor country in the context of international cooperation in this field in various regions of the world, but mainly in Latin America and the Caribbean and in Africa. Some data indicate the size of this cooperation: in 2008, 45,000 tons of rice, 2,000 tons of powdered milk and 500 kg of vegetable seeds were donated to Cuba, Haiti, Honduras and Jamaica under the World Food Program (WFP) and the FAO; in 2010, resources provided for in the budget action for humanitarian cooperation totaled US$95.5 million; and in 2011, the plan was to donate to international humanitarian aid half a million tons of food from Brazilian family agriculture (rice, beans, corn and powdered milk), in addition to other actions and financial resources (CGFOME,2010).No less important has been the cooperation between Brazilian and foreign civil society organizations in the form of participation in international forums like the Civil Society Facility within the FSC, or through joint activities in Brazil and abroad. Social participation through CONSEA has also become a matter of increased international interest and led to the sharing of experiences between civil society actors.

However utopian the perspective of fully eliminating social inequality might be in a society that generates inequality in private relations and in the ownership of the benefits of the State apparatus, it is perfectly possible to root out extreme manifestations that deny a large contingent of the population the chance to live a minimally decent life. To this end, clear commitments are required not only from the Federal Government but also from the three spheres of government and other authorities, coupled with decisive social participation and control.

Lessons learned from the Brazilian experience

Among the many factors that have characterized Brazil's long experience, the following highlights deserve to be mentioned as lessons learned in terms of achievements and the challenges still to be met:

• The social embedding of concepts and principles built through participatory processes involving non-governmental and governmental actors from many different social sectors and thematic areas, , which are subsequently enshrined in legal and institutional frameworks;

• The development of an inter-sectoral and systemic approach to food and nutrition security and sovereignty and the human right to food, with a view to designing integrated programs and actions which address the multiple factors that determine the food and nutrition condition of individuals, families and social groups;

• The political decision by the Federal Government, followed by various state governments and some municipal governments, to include hunger and food and nutrition security among the top priorities on the government agenda, by placing

CONSEA at a supra-ministerial (or supra-sectoral) level and providing budget and institutional support to the respective public programs;

• Social participation in the formulation, implementation, monitoring and control of public policies, overcoming traditional technocratic approaches while building capacity among civil society organizations for them to move beyond specific demands and projects.The possibility of social participation has contributed to gradually overcoming the myopic view that civil society organizations can not afford to contribute to the formulation and implementation of public policies, and that these should be the sole responsibility of the State through its elected representatives;

• By giving visibility to social conflicts and different views concerning the various - and sometimes controversial - aspects of food and nutrition security and sovereignty and the right to food, these issues, and CONSEA, as a public space of social dialogue, gained legitimacy and social and political recognition, despite the different forms of involvement by government sectors, and their sometimes contradictory actions;

• The autonomous organization of civil society into social networks such as the Brazilian Forum on Food and Nutrition Security and Sovereignty and its successors at state and municipal level, increased the capacity of civil society organizations to influence the definition of the agendas of CONSEAs, Conferences and other spaces of participation, by combining institutional participation with social mobilization and other legitimate instruments of demand;

• The permanent quest for transparency and accountability, for which political will and technical training have been fundamental, has ensured the monitoring and social control of public actions, as shown by the indicator methodologies developed at CONSEA concerning the realization of the right to food, the monitoring of the public budget and the design and management of programs;

• The importance of addressing the issue of access to public funds by social organizations in a transparent manner and with social control, given the strategic role played by civil society organizations in the implementation of public programs and in the support for meaningful experiences undertaken by social organizations.

On Brazil´s social construction process

Despite the undeniable progress achieved in the social field in general and in food and nutrition in particular, Brazil's social debt is incompatible with its current level of economic development. The country still has a significant number of people living below the extreme poverty line and levels of inequality that are among the highest in the world, in addition to millions of families still without access to public programs, leading to daily violations of their human right to adequate food. Moreover, there has been a recurrent effort by conservative sectors to weaken and criminalize social movements and organizations that fight for social justice, thus undermining democracy in Brazil.

Successes should not, under pressure from other agendas, reduce the political priority of eradicating hunger and poverty, something that not only requires permanent vigilance due to the proven risk of setbacks, but also presents several still unexplored areas. The National Food and Nutrition Security Plan has important goals with strong potential to improve the living conditions of the Brazilian population, whose right to adequate food is still being violated. Monitoring compliance with the goals established in this Plan is an urgent and collective task of both civil society and government.

With regard to the establishment of SISAN, advances need to be made in the effective commitment of state and municipal governments, underpinned by the passing in Congress of Constitutional Amendment 64/2010 that includes food among the social rights provided for in the Federal Constitution. This significant achievement should be followed by the creation, strengthening and guarantee of mechanisms for claiming the human right to adequate food, in coordination with the system of public human rights policies towards the establishment of a culture of these rights in Brazil.

On global food and nutrition sovereignty and security

The critical moment the world is going through jeopardizes the realization of the human right to adequate food for large segments of the population in various regions, due both to the repercussion of high international and domestic food prices and to the economic and financial crisis that emerged and eventually overshadowed the debate on the issue.

The diagnosis made by CONSEA points to a crisis in the global food production and consumption model that compromises the food and nutrition sovereignty and security of peoples, the right to food, and initiatives for the social inclusion of significant portions of the poor populations. More serious is the systemic nature of the food crisis, which is seen also in its interfaces with economic, environmental (climate) and energy crises, particularly due to the interconnection between the responses to each one of them, which requires an overall view.

The domestic and international responsibilities stemming from the reputation acquired in the food and nutrition field demand of Brazil - and of course of the whole international community - more than just a commercial response to the benefits of trade-related gains offered by the economic context. The proposals of the social movements in Brazil collected by CONSEA have focused on:

• Promoting new sustainable bases for the production and consumption model;

• Supporting family agriculture based on agroecology;

- Increasing diversified food production by valuing agrobiodiversity;

- Ensuring and improving access to essential public policies that guarantee the right to health, education, and basic minimum income among other rights;

- Strengthening regional cultures and eating habits; and

- Democratizing access to land (by strengthening the national agrarian reform policy), water and other natural resources.

The proposals point to the recovery of the regulatory capacity of the State and the implementation of sovereign national supply policies that increase access to quality food based on decentralized sustainable systems, coordinate different actions from production to consumption, and tackle health problems arising from a poor diet.

In this sense, international humanitarian aid actions should perfect a multidisciplinary and participatory dynamic of coordination between government agencies and civil society, and go beyond traditional forms of food assistance in order to contribute to the design and implementation of sovereign food and nutrition security policies in the countries requesting cooperation.

At the same time, international action should support the construction of a global food and nutrition security governance based on the principles of the human right to adequate food, social participation, shared though differentiated responsibility, caution, and respect for multilateralism. These perspectives should be present in agricultural trade negotiations and other international agreements on food and nutrition sovereignty and security. In Brazil, regional action is deemed important, both within the MERCOSUR and UNASUR, in addition to operations in Africa and CPLP countries (Community of Portuguese-Speaking Countries). It is important to note the degree of exposure of the region seen in the recent food crisis and the prospects offered by the construction of a regional food and nutrition security strategy with the important participation of social organizations and networks in Latin America. CPLP countries have established a working group on

Food Security, which met for the first time in Maputo, Mozambique, in July 2012, and in which Brazil is expected to play a prominent role, given its experience in the matter.

Enshrining principles

Finally, the progress achieved by Brazil in the fight against hunger and poverty resulted from both social struggle and the political decision to implement appropriate public policies that include the perspective of improving democracy in the country and reaffirm the following principles:

• Adequate and healthy food recognized as a human right and an obligation of the State;

• Food and nutrition sovereignty and security understood as a strategic axis of the country's socioeconomic development;

• Civil society participation ensured by means of formal forums for social dialogue;

• Stronger regulatory role for the State, which should put the protection of human rights above market interests;

• Intersectoral approach (permanent dialogue between sectors) in the design and management of public food and nutrition security policies;

• The strategic role of women in the struggle to guarantee food sovereignty, and in the conservation and sustainable management of natural resources;

• Respect for and guarantee of the principles of ethno-development in the design and implementation of public food and nutrition security policies, whether universal or specific, for indigenous peoples, black populations, and traditional peoples and communities;

• Design and implementation of affirmative action policies against racism and discrimination, especially those aimed at eliminating social, regional, ethnic, racial, and gender inequalities.

Peace, social well-being and the elimination of hunger, poverty and all forms of discrimination and racism depend on stronger participatory democracy and better wealth and power redistribution, which is a necessary condition for ensuring the human right to adequate food and the sovereignty and food and nutrition security of a nation.

References

ABRANDH. Ação Brasileira pela Nutrição e Direitos Humanos. *Direito humano à alimentação adequada no contexto da segurança alimentar e nutricional.* Valéria Burity et al. Brasília, 2010.

_____.Ação Brasileira pela Nutrição e Direitos Humanos. In: *O direito humano à alimentação adequada e o sistema nacional de segurança alimentar e nutricional.* Contents of the distant course available on the distance education electronic platform. Brasília, 2012.

ARANHA, A. V. Fome Zero: a construção de uma estratégia de combate à fome no Brasil. *Coleção FOME ZERO*: uma história brasileira, vol. I. Brasília, 2010, p. 74-95.

BRASIL. Instituto de Pesquisa Econômica e Aplicada (IPEA). *Mudanças recentes na pobreza brasileira.* Comunicado nº 111, Brasília, agosto de 2011.

BRASIL. Ministério da Saúde. Fundação Nacional de Saúde (FUNASA). *I Inquérito Nacional de Saúde e Nutrição dos Povos Indígenas.* Consórcio ABRASCO (Associação Brasileira de Pós-Graduação em Saúde) & Institute of Ibero-American Studies, Goteborg University, Suécia. Brasília, 2009.

BRASIL. Ministério da Saúde. Secretaria de Gestão Estratégica e Participativa. *A construção do SUS*: histórias da reforma sanitária e do processo participativo. Brasília, 2006.

BRASIL. Ministério das Relações Exteriores. Coordenação Geral das Ações Internacionais de Combate à Fome (CGFOME). *Cooperação Humanitária Internacional*: balanço 2006-2010. Brasília.

BRASIL. Presidência da República. Secretaria de Assuntos Estratégicos

(SAE). Barros, R.; Mendonça, R.; Tsukada, R. *Portas de saída, inclusão produtiva e erradicação da extrema pobreza*, no Brasil. Brasília, 2011.

CASTRO, Josué de. *Geografia da Fome*. 5ª edição. Rio de Janeiro: Civilização Brasileira, 2005.

CONSEA. Conselho Nacional de Segurança Alimentar e Nutricional. *A segurança alimentar e nutricional e o direito à alimentação adequada no Brasil*. Indicadores e Monitoramento: da constituição de 1988 aos dias atuais. Brasília, 2010.

IBGE. Instituto Brasileiro de Geografia e Estatística. PNAD. *Pesquisa Nacional de Amostra de Domicílio*. Suplemento de Segurança Alimentar. Rio de Janeiro, 2010.

INSTITUTO CIDADANIA. *Projeto Fome Zero*: uma proposta de política de segurança alimentar para o Brasil. São Paulo, 2001.

LEÃO, M. M.; CASTRO, I. Políticas Públicas de Alimentação e Nutrição. *Epidemiologia Nutricional*. Org. Kac, G et al. Fiocruz e Atheneu. Rio de Janeiro, 2007.

MALUF, R. Construção do SISAN, Mobilização e Participação Social. *Coleção FOME ZERO*: uma história brasileira, vol. II. Brasília, 2010, p. 27-37.

MENEZES, F. Mobilização social e participação da sociedade civil. *Coleção FOME ZERO*: uma história brasileira, vol. I. Brasília, 2010, p. 120-32.

PAIM, J. S. *Reforma sanitária brasileira: contribuição para a compreensão e crítica*. Salvador: Eduufba/Rio de Janeiro: Fiocruz, 2008.

PELIANO, A. M. Lições da história: avanços e retrocessos na trajetória das políticas públicas de combate à fome e à pobreza no Brasil. *Coleção FOME ZERO*: uma história brasileira, vol. I. Brasília, 2010, p. 26-41.

SILIPRANDI, E. Políticas de segurança alimentar e relações de gênero. *Cadernos de Debate*. Campinas, SP, v. XI, p. 38-57, dez 2004.

_____.*Políticas de alimentação e papéis de gênero*: desafios para uma maior eqüidade. Cadernos. SOF 64.109, 2008.

SILVA, L. I.; SILVA, J.G. *Política Nacional de Segurança Alimentar*. São Paulo, Governo Paralelo, 1991.

TAKAGI, M. A implantação do programa FOME ZERO do governo Lula. *Coleção FOME ZERO*: uma história brasileira, vol. I. Brasília, 2010, p. 54-73.

ABRANDH - Brazilian Action for Nutrition and Human Right (*Ação Brasileira pela Nutrição e Direitos Humanos*)

ANA - National Agroecology Coalition (*Articulação Nacional de Agroecologia*)

APN - Black Pastoral Agents (*Agentes de Pastoral Negros*)

APOINME - Coordination of Indigenous Peoples in the Northeast, Minas Gerais and Espírito Santo (*Articulação dos Povos Indígenas do Nordeste, Minas Gerais e Espírito Santo*)

ASA - Coordination in the Brazilian Semi-Arid region (*Articulação no Semiárido Brasileiro*)

ASSEMA - Association in Settlement areas in the State of Maranhão (*Associação em Áreas de Assentamento no Estado do Maranhão*)

CAISAN - Interministerial Chamber on Food and Nutrition Security (*Câmara Interministerial de Segurança Alimentar e Nutricional*)

CFN - National Nutritionists Council (*Conselho Federal de Nutricionistas*)

CGFOME - General Coordination of International Actions against Hunger (*Coordenação Geral das Ações Internacionais de Combate à Fome*)

CAN - National Agriculture Confederation (*Confederação Nacional da Agricultura*)

COEP - National Social Mobilization Network (*Rede Nacional de Mobilização Social*)

COIAB - Coordination of Indigenous Organizations in the Brazilian Amazon (*Coordenação das Organizações Indígenas da Amazônia Brasileira*)

CONAQ - National Coordination of Black Rural Quilombola Communities (*Coordenação Nacional das Comunidades Negras Rurais Quilombolas*)

CONSEA - National Council on Food and Nutrition Security (*Conselho de Segurança Alimentar e Nutricional*)

CONTAG - National Confederation of Agriculture Workers (*Confederação Nacional dos Trabalhadores da Agricultura*)

CPCE - Standing Committee of Presidents of State CONSEAs (*Comissão Permanente de Presidentes de Consea 's Estaduais*)

CPLP - Community of Portuguese-Speaking Countries

CRAS - Social Assistance Reference Centers (*Centros de Referências em Assistência Social*)

CSA - FAO's Food Security Committee

CUT - Unified Workers Union (*Central Única dos Trabalhadores*)

FAO - United Nations Food and Agriculture Organization

FBSSAN-Brazilian Forum on Food and Nutrition Sovereignty and Security (*Fórum Brasileiro de Soberania e Segurança Alimentar e Nutricional*)

FENACELBRA - National Federation of Celiacs Associations of Brazil (*Federação Nacional das Associações de Celíacos do Brasil*)

FETRAF - National Federation of Family Agriculture Workers of Brazil (*Federação Nacional dos Trabalhadores e Trabalhadoras na Agricultura Familiar do Brasil*)

FIAN - Food First Information and Action Network (*Rede de Informação e Ação pelo Direito a se Alimentar*)

FNRU - National Urban Reform Forum (*Fórum Nacional de Reforma Urbana*)

FNS - Food and Nutrition Security

FUNASA - National Health Foundation (*Fundação Nacional de Saúde*)

ICESCR - International Covenant on Economic, Social and Cultural Rights

IDEC - Brazilian Institute for Consumer Protection (*Instituto Brasileiro de*

Defesa do Consumidor)

INESC-Institute of Socioeconomic Studies (*Instituto de Estudos Socieconômicos*)

IPEA-Institute of Economic Applied Research (*Instituto de Pesqùisa Econômica Aplicada*)

LOSAN - Framework Law on Food and Nutrition Security (*Lei Orgânica de Segurança Alimentar e Nutricional*)

MDS - Ministry of Social Development and Fight against Hunger (*Ministério do Desenvolvimento Social e Combate à Fome*)

MERCOSUL - Common Market of the South

MESA - Special Ministry for Food Security and Fight against Hunger (*Ministério Extraordinário de Segurança Alimentar e Combate à Fome*)

MMC - Rural Women's Movement (*Movimento de Mulheres Camponesas*)

PAA - Food Acquisition Program (*Programa de Aquisição de Alimentos*)

PAIF - Integral Family Care Program (*Programa de Atenção Integral as Famílias*)

PAT - Workers' Food Program (*Programa de Alimentação dos Trabalhadores*)

PLANSAN - National Food and Nutrition Security Plan (*Plano Nacional de Segurança Alimentar e Nutricional*)

PNAE - National School Meal Program (*Programa Nacional de Alimentação Escolar*)

PNAN - National Food and Nutrition Policy (*Política Nacional de Alimentação e Nutrição*)

PNSAN - National Food and Nutrition Security Policy (*Política Nacional de Segurança Alimentar e Nutricional*)

PRONAF - National Program for Strengthening Family Agriculture (*Programa Financiamento da Agricultura Familiar*)

RENAS - National Evangelical Network for Social Action (*Rede Evangélica Nacional de Ação Social*)

SISAN - Food and Nutrition Security System (*Sistema Nacional de Segurança Alimentar e Nutricional*)

SISVAN - Food and Nutrition Surveillance System *(Sistema Vigilância Alimentar e Nutricional)*

SUS - Unified Health System (*Sistema Único de Saúde*)

UN - United Nations Organization

UNASUL - Union of South American Nations

WFP - World Food Program

WG - Working Group

WTO - World Trade Organization

List of charts

Chart 1: Temporal evolution of extreme poverty: Brazil, 1990 - 2009

Chart 2: Differences in the prevalence of low height-for-age (%) among children under 5 years old, according to the situation for the general population of Brazil and the North Region, Indigenous Peoples and Quilombola Communities.

List of figures

Figure 1: Timeline of the different approaches to fighting hunger in Brazil

Figure 2: National Conferences on Food and Nutrition Security (1986-2011): the social construction of SISAN in Brazil

Figure 3: Legal instruments for the human right to adequate food

Figure 4: Inter-relation between the Policy, the Plan and the System

Figure 5: Structure of the National Food and Nutrition Security System

Figure 6: Regulatory Framework of the human right to adequate food in Brazil

Figure 7: Structure of CONSEA

COUNSELORS REPRESENTING CIVIL SOCIETY (2/3 = 38 REPRESENTATIVES)

Traditional peoples and communities (4 representatives)

1. Miners

2. Fishermen-aquaculture workers

3. African religion communities

4. Quilombola communities

Indigenous peoples (2 representatives)

Family agriculture, rural workers and agrarian reform (4 representatives)

Semi-Arid region (1 representative)

Black Population (1 representative)

Persons with special needs (1 representative)

1. Celiacs + Persons with disabilities

Workers' Unions and Professional Associations (3 representatives)

1. Workers' Union

2. Nutrition

National networks with religious matrices (3 representatives)

1. Brazilian Cáritas – Social Pastorals

2. National Evangelical Network

3. Children's Pastoral

Professional representation and study entities (1 representative)

1. Budget, participation and monitoring

National thematic networks and forums (10 representatives)

1. Agroecology

2. Solidarity economy

3. Citizen Education

4. National Social Mobilization Network (COEP)

5. Brazilian Forum of Food and Nutrition Sovereignty and Security (FBSSAN)

6. Urban sectors

7. Action for Citizenship

8. Consumers

Experts and researchers (4 representatives)

1. Collective health

2. Nutrition and Food and Nutrition Security policies

3. Socio-political approaches

4. Indicators and monitoring

Entities of human right to food (2 representatives)

Corporate entities (2 representatives)

1. Employers agriculture

2. Food and Supply Industry

COUNSELORS REPRESENTING THE GOVERNMENT (1/3 = 19 REPRESENTATIVES)

1. General Secretariat of the Presidency of the Republic

2. Ministry of Agrarian Development

3. Ministry of Agriculture, Livestock and Food Supply

4. Ministry of Cities

5. Ministry of Education

6. Ministry of Environment

7. Ministry of External Relations

8. Ministry of Finance

9. Ministry of Fishery and Aquaculture

10. Ministry of Health

11. Ministry of Labor and Employment

12. Ministry of National Integration

13. Ministry of Planning, Budget and Management

14. Ministry of Science, Technology and Innovation

15. Ministry of Social Development and Fight against Hunger

16. Office of the President's Chief of Staff

17. Secretariat of Human Rights

18. Secretariat for the Promotion of Racial Equality Policies

19. Secretariat for the Promotion of Women's Policies

GUEST AND OBSERVER ENTITIES (28 ORGANIZATIONS)

1. Actionaid Brazil

2. Special Advisory to the President's Office

3. Federal Savings Bank

4. Economic and Social Development Council (CDES)

5. Brazilian Confederation of Women

6. National Social Assistance Council (CNAS)

7. National Solidarity Economy Council (CNES)

8. National Council for Sustainable Rural Development (CONDRAF)

9. National Health Council

10. National Environment Council (CONAMA)

11. Parliamentary Front for Food and Nutrition Security

12. Banco do Brasil Foundation

13. United Nations Children's Fund (UNICEF)

14. Heifer do Brasil

15. Inter-American Institute for Cooperation in Agriculture (IICA)

16. Itaipu Binacional

17. Federal Public Prosecutor's Office

18. United Nations Scientific and Cultural Organization (UNESCO)

19. United nations Food and Agriculture Organization (FAO)

20. pan-American Health Organization (PAHO)

21. Oxfam International

22. United Nations Development Program (UNDP)

23. Rapporteur of the Human Right to Land, Territory and Food

24. Brazilian Service of Support for Micro and Small Companies (SEBRAE)

25. National Rural Apprenticeship Service (SENAR)

26. National Industry Service (SESI)

27. National Trade Service (SESC)

28. National Talher

Source: Consea

图书在版编目（CIP）数据

有效的公共政策和活跃的公民权：巴西建立粮食及
营养安全公共体系的经验 ／（巴西）莱昂，（巴西）
玛鲁夫著；周志伟译 . —北京：社会科学文献出版社，
2013.8
　ISBN 978 - 7 - 5097 - 4518 - 2

　Ⅰ . 有…　　Ⅱ . ①莱…　②玛…　③周…　　Ⅲ . ①扶贫 -
研究 - 巴西　　Ⅳ . ①F177.747

中国版本图书馆 CIP 数据核字（2013）第 072472 号

有效的公共政策和活跃的公民权
——巴西建立粮食及营养安全公共体系的经验

著　　者 ／ 玛丽利亚·门东萨·莱昂（Marília Mendonça Leão）
　　　　　雷纳托·S. 玛鲁夫（Renato S. Maluf）
译　　者 ／ 周志伟

出 版 人 ／ 谢寿光
出 版 者 ／ 社会科学文献出版社
地　　址 ／ 北京市西城区北三环中路甲 29 号院 3 号楼华龙大厦
邮政编码 ／ 100029

责任部门 ／ 全球与地区问题出版中心（010）59367004　　责任编辑 ／ 高明秀　于静静
电子信箱 ／ bianyibu@ ssap. cn　　　　　　　　　　　　责任校对 ／ 师敏革
项目统筹 ／ 高明秀　　　　　　　　　　　　　　　　　　责任印制 ／ 岳　阳
经　　销 ／ 社会科学文献出版社市场营销中心（010）59367081　59367089
读者服务 ／ 读者服务中心（010）59367028

印　　装 ／ 三河市尚艺印装有限公司
开　　本 ／ 787mm×1092mm　1/16　　　　　　　印　　张 ／ 14.5
版　　次 ／ 2013 年 8 月第 1 版　　　　　　　　　字　　数 ／ 265 千字
印　　次 ／ 2013 年 8 月第 1 次印刷
书　　号 ／ ISBN 978 - 7 - 5097 - 4518 - 2
定　　价 ／ 49.00 元